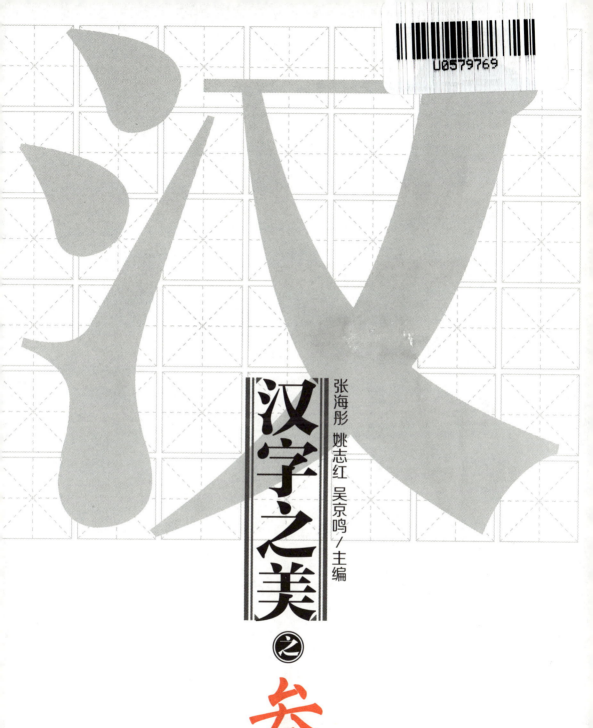

汉

张海彤 姚志红 吴京鸣／主编

汉字之美

之

叁

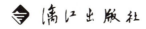
漓江出版社

大私塾教养阶进丛书编辑委员会

总顾问：康　宁　朱宝清

总主编：陈　致　过常宝　张高评

总策划 / 执行主编：张海彤

本丛书分六系列，共计 18 册：

《汉字之美》：　　　（分三册，共 1012 个常用字）

《书法三十六课》：（分三册，递进式学习书法）

《这厢有礼》：　　　（三字经、弟子规、朱子家训）

《诸子百家》：　　　（成语故事、寓言故事、智慧故事）

《诗情画意》：　　　（分三册，递进式赏读古诗词）

《以史为鉴》：　　　（百家姓、五字鉴、史记故事）

各分册主编：

《汉字之美》：　　张海彤　姚志红　吴京鸣

《书法三十六课》：项　宇　吴京鸣　杨　军

《这厢有礼》：　　杨中介　张海彤

《诸子百家》：　　杨中介　牛亚君　杨　宁　任文博

《诗情画意》：　　陈冰梅　杨海健　张克宏　康晏如　陈　翔

《以史为鉴》：　　牛亚君　王宇红　张安琪　吴　晓

　　参加编写的还有彭明俊（《汉字之美》）、周杰（《这厢有礼》）、赵宜婉（《这厢有礼》），一并感谢。

　　感谢孙左满先生为"这厢有礼"之《弟子规》提供插画。

"阐扬国故、复兴国学"才刚起步

《大私塾教养阶进丛书》的编辑及出版计划，始于 2009 年。当时，张海彤女士跟我谈到想编一套适用于少年儿童学习的国学教材。我当时也泛览过一些市面上的各种国学读本，总觉得一上来就是整套的《三字经》《千家诗》《增广贤文》等等，其实对于小孩子学习来说，未必有效。我想除了极少数特别聪明，而且对中国传统文化特别有兴趣的小孩子以外，大多数小孩子照这样子学所谓国学，很可能从一开始就要"逃之夭夭"了。今人每妄言无忌：古文字学者说自己从四、五岁时就随父师习《说文解字》；文学家则说自己是自幼过目成诵、下笔千言不能自已；经学家会说自己不但能背四书五经，而且能背注疏；讲学家则说自己从小入私塾，熟读经史百家等等，这些当然都是一些市场营销的手段，与事实相去甚远。

其实古人学文史，也不是这样整本整套的死记硬背，而是各随自己的兴趣，并且是循序渐进地一点一点开始的。远的不说，看清人自撰的年谱就会发现，很多大学者也都是五、六岁开始识字，一点儿不比我们早；七、八岁开始读一些唐诗宋词，开始学习四书，那是要应付将来的科举考试，挣个文凭出身；再大一些学些古文名篇，十四、五岁时才真正开始读《诗经》、《易经》、三礼、《春秋》三传等。其实这些读书的步骤与少儿的心智发展都是相对应的。再往近里说，饶宗颐、钱锺书先生堪称大师级的了，他们也的确早慧而有过人之能：饶先生 18 岁时已经接续其父完成了《潮州艺文志》；钱锺书先生也在不到 20 岁的时候，替自己的父亲钱基博教授捉刀，为钱穆的《国学概论》作序。这些当代的国学大师级的学者固然聪明过人，但也都是绩学所致，也都没有当今热衷于营销的名家们那样"早慧"和"颖异"。

所以，当海彤说起编一套少儿国学教材时，我倒是想到可以试着按照前人的读书次序编一套分门别类、循序渐进的国学教材。小孩子们可以根据自己的兴趣所在，由浅到深、从易到难地修习国学的精华。

现在好像整个社会都有一种国学复兴的架势，盛况空前。但其盛只是盛在人数众多、声势唬人上，真正要如章太炎先生说的"阐扬国故，复兴国学"，以及胡适先生所提倡的用科学的方法"整理国故之学"，还有相当的路要走。

即以国学的基本教育而言，目前海内外国学院之成立如雨后春笋，却鲜有一套自小学至高中的国学教材，供老师教学、父母教子女之用。容或有这种教材，也是不做公开发行的内部参阅本，得益者甚寡。这套丛书的出版或可弥补这一缺憾。

陈致

香港浸会大学文学院院长
饶宗颐国学院院长

让经典入住心灵，从容面对未来

《易传》云："蒙以养正，圣功也。"启蒙教育是造就个人纯正品质的关键，关系到个人能否顺利成长，长成什么样，所以，它是最为神圣的事。高度重视蒙学，是中国文化的精髓之一。

启蒙教育是很专业的事，不能要求每一位家长和幼教老师都是专家，所以，蒙学教材就变得非常重要。明代哲学家王守仁指出，对儿童的教育不应只限于知识，还应引导其行为；既要适应儿童的天性，也要用"善"和"礼"来约束他。也就是说，好的蒙学教材，一要知行并重，二要生动活泼。这是个简单的道理，却是个极高的标准，能真正做到、做得好，并不容易。

经过历史汰择而流传至今的古典蒙学读物，是传统文化馈赠给我们的瑰宝。让孩子学习《弟子规》之类的蒙学教材，可以接受正宗的儒家教育，养成方正的人格。而蕴含于诸子、史书中的思想和智慧，能体现古典修养的诗书画，都是民族文化的精华。学习这些古典知识和艺术，除了完善自己的素质之外，还能感受古人之情怀，在骨子里留下一缕典雅醇正的古典气质。对孩子来说，从古典文化启蒙，必将终身受益。

《三字经》《弟子规》《百家姓》等是公认的优秀蒙学读物，但时过境迁，一则语言难懂，二则内容不尽合于时宜，三则需要启发示例，这就都需要对这些传统蒙书进行再加工，使之体现现代意义上的知行并重和生动活泼；其他历史故事或文学艺术启蒙教材，也要按照这两个标准编写，使之能够同时切合于古典的内容和现代教育。这些都是很难的事。

大私塾知行学馆的专家们，有强烈的文化使命感和爱心，也有很好的专业素质和蒙学经验，在他们和出版社的共同努力下，这套教材无论在内容，还是在形式上，都有上佳的呈现，非常实用。值得一提的是，这套教材的设计，还体现了大私塾亲子教育的理念。亲子教育，适应孩子的心智和情感，同时也能使父母有所感悟，并通过自己对古典文化和行为准则的思考，帮助孩子提升。父母和子女在启蒙教育中共同成长，这对两代人来说，都是弥足珍贵的人生体验。

学校传授的现代知识，可以帮助孩子很好地应对现代社会。但在漫长的人生旅程中，大部分时间要面对的是自己、家人，要面对的是习俗、传统等各种文化情境，所以，传统文化和古典修养，对于每一个中国人来说，是不可或缺的。相信通过这套丛书，能让孩子们在传统文化中受到启迪，获得裨益，让古典精神和知识在自己的心灵中成长为一股力量，从容地面向无限可能的未来。

北京师范大学文学院院长

人文素养与积学储宝

人文素养，是沟通交际的软实力。创意表达，是突破困境的万灵丹。两者的交集，就在阅读生发的能量。素养，靠日复一日的积累；表达，赖精确有效的运用。表达需要创意，才见精彩；创意仰赖文化，才能茁壮。好比储蓄与提款，想如愿地投资理财，必先储存可观的资金；又像数据库的建构与使用，如果存量不够丰富而多元，那就不能左右逢源，心想而事成。人文素养的积累和表达能力的创新，道理是一样的。其中，文化因素是之间的触媒。

"博观而约取，厚积而薄发"，是大文学家苏东坡温馨而具有智慧的提示。在苏东坡生长的北宋时代，除传统写本外，又多了印本图书。面对知识爆炸，阅读将如何抉择？东坡于是有如上述的建言。如今我们面对的知识传播，其复杂与快速，自非古人所能想象。不过，现代人每天看的报章、杂志、计算机、网络，有很多属于信息、消息，不等于知识或学问。再博观、再厚积，值得储存的知识能量毕竟有限。如何善用琳琅满目的信息，转化为所向无敌的创意，积淀为可大可久的人文素养，那肯定是另一个话题。

中华传统文化，源远流长。经过时间长河的淘洗，淬炼为优质可贵的文化遗产，体现为传世不朽的经典图书。这些图书，大部分提供给大人阅读；有一些书，适合少年儿童朗读。其中价值无限，值得永久典藏者不少。古人说"开卷有益"，又说"转益多师"，强调阅读的行动和质量，可作为座右铭。有鉴于苏东坡"博观厚积"的指引，《易经》蒙卦"匪我求童蒙，童蒙求我"之启示，一群志同道合的朋友，同心协力，成就《大私塾教养阶进丛书》用专家的材料，写出通俗的文字，作为亲子间的知识飨宴。学童经由年年岁岁的积累，春风化雨般的熏陶，对于文化精华的蕴藏自然丰厚，将来长大成人，无论约取或薄发，多可以如鱼得水，无入而不自得。所谓"书到用时方恨少"，未雨绸缪，及早储备，方是良策。

　　这部亲子读物，古人叫作童蒙书。就属性来说，大抵经、史、子、集都有。分享圣贤之智慧，传承人生之经验，是各书的共同特色。至于提供历史教训、处世哲学，展现人文关怀、应对诀窍，更所在多有。本丛书尤其注重实作演练，有关艺术陶冶与创意发想，于家教启蒙中，已逐渐奠定利基。这部童蒙经典，大抵皆为优质文化遗产的结晶，《易经》大畜卦称"君子以多识前言往行，以畜其德"，是指多接触古书，了解历史文化，所谓积学可以储宝。台湾师大鲁实先教授曾言："人天生的智慧很难改变，但聪明可以学习。熟读历史，可以使人聪明！"传统文化，就是过去历史的精华，先贤用心良苦，编成《三字经》《弟子规》《五字鉴》《朱子家训》等童蒙书，认为教育应从幼童开始。用心诵读积累，当有助于将来的约取薄发。人文素养沉潜认知既深，更有助于应付世变，驾驭世变，促使创意发想成为无限可能。

阅读之于思想和素养，好比音乐之于心灵，甘霖之于沙漠，河海之于舟船。给人滋润，给人能量，给人激励，给人启发，给人反思；同时又能令人陶醉，令人感动，令人鼓舞，令人充实。至于开发潜能，升华认知，促成创意发想，更是阅读活动的必然结局和成效。心理学家说：从接收到反应，阅读很容易生发感染的气氛，形成同群效应。阅读，号称文明之声。知识飨宴的场景，是温馨美好的亲子活动图。期待这种风景，能够天天在家庭完美上演。

朱熹是位知名的理学家、大学者，读了很多书，也写了很多书。他曾作一首诗，推崇知识的惊人能量：

昨夜江边春水生，艨艟巨舰一毛轻。

向来枉费推移力，此日中流自在行。

阅读可以获取知识，知识等同能量；拥有无限的能量，人生就可以"自在行"。

愿共勉之，是为序。

张高评

台湾成功大学中文系教授

2015 年 8 月 15 日

做汉字的传人

  人类历史上的四大创始文字，最古老的是古巴比伦的楔形文字，然后是古埃及的象形文字、古印度的印章文字，最后是古代中国的汉字。汉字是已知世界上单个字体最多、笔画最复杂的文字，但也是唯一流传至今仍在使用的文字。何以它能独善其身，硕果仅存呢？

  看几千年前的甲骨文，那就是一幅画，我们伟大先祖的悲喜和劳作一目了然，她使文字有了故事，有了活力；不仅如此，汉字一直在演变和进化，我们不仅看到象形，还有指事、会意、形声、假借、转注等，它不仅仅是记录语言的符号，作为方块字，其结构独树一帜，本身就有着独特的形态美，饱含华夏民族的审美观；汉字的一字多音多意，也给人们带来创作灵感，尤其在诗歌中，文字很少表示的内容却丰富多彩，而且有音乐感；在字形里，汉字还渗透着哲学和美学的内涵，需要我们去体会、去感受。汉字有形有义，多一丝少一毫、长一分短一厘那就不是这个字儿了，像做人一样，要严谨，还不能过。汉字的这个范儿就是它的意蕴之美。

  汉字的发展也并非一帆风顺，它也曾面临"拉丁化"的挑战，计算机的挑战……但，承载着几千年人类文明的汉字，有着顽强的生命力。汉字是表意文字，最讲道理，所以识字教育应该是养成教育的一部分。前辈文化人，几乎都曾受到文字学的熏陶：陈独秀曾在狱中编写《小学识字读本》；鲁迅听章太炎讲解《说文解字》，写过别具慧眼的《门外文谈》。写字，历来是文化人的基本功，据说世界上有近两千种文字，唯有汉字形成了一门独特的书写艺术——书法。"墨宝"，曾经是一个十分流行的词语。作为人类的智慧成果，汉字需要我们去传承。

我们都是汉字的传人，让我们继续，体会汉字之美，传承汉字之美。

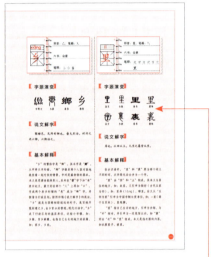

每个字以正楷简体在米字格中书写，并标注拼音。同时有部首、笔画及六书造字法的说明。

笔顺部分的灰色字体，请同学们描画，看看你写的笔顺对不对。

字源演变：列出本字的自行演变过程。
甲骨文—金文—小篆—隶书—楷书

《说文解字》：引用原文，用繁体字。

基本解释：说明本字的原始字义及常用引申义，以及在词语中的应用。

在汉字简化过程中，有些字是几个字合并为一个简化字的，所以意思完全不同的两个字，将在字源演变中，一并列出。

选字方面，《汉字之美》以中国教育部颁布的最常用汉字的 1000 汉字为基础，延续大私塾理念并与《这厢有礼》等内容衔接，纳入相关国学启蒙读物的积极内容，简单介绍国学知识和理，基于此增补了 10 余个汉字，同时删减了一些造字结构基本一致的语气助词，最终选取 1012 个汉字，分壹、贰、叁三册。这些字也是学龄前的孩子识字及小学生课本中最基本的汉字。

作为启蒙级的第一册《汉字之美》，选字 366 个，按照类别、字义等逻辑关系分类排列，每句六个字，共 61 句。大量的象形字都在第一册出现，多以实词为主。

第二册和第三册，则按照偏旁部首排列，第二册选字 334 个字，偏旁部首以人的器官部位以及自然现象为主。第三册选字 312 个字，偏旁部首多以物品部件为主，同时在书后附有音序检索目录，以方便读者查找。

这就是世界上最美丽的文字：汉字，这就是汉字之美。看完了《汉字之美》，你是不是也想写一手漂亮的汉字呢？那就接着看《书法三十六课》吧。

由于我们才疏学浅，谬误之处在所难免，还望广大读者不吝指正，以期再版时修订。

wèi **未**	部首：木，笔画：5。 六书：指事 笔顺：未未未未未

shù **束**	部首：木，笔画：7。 六书：会意 笔顺：束束束束束束 束

【字源演变】

甲骨文　金文　小篆　隶书　楷体

甲骨文　金文　小篆　隶书　楷体

【说文解字】

味也。六月，滋味也。五行，木老於未。象木重枝葉也。凡未之屬皆从未。

【说文解字】

縛也。从囗木。凡束之屬皆从束。

【基本解释】

"未"，甲骨文字形是在"木"的树梢上部再加一重枝桠，枝桠重叠，表示枝叶茂盛。《说文解字》里则认为"未"的本义就是"味"，指滋味。现在，"未"的本义已消失，另外加"口"造"味"字代替，而"未"则引申为不曾、没有，如未必、未曾、未来。"未"还是地支的第八位，属羊。

【基本解释】

"束"的甲骨文字形，像用绳子捆着一些树枝等物品，本义是用绳子、带子系扎行囊，捆绑的意思。古人出远门，常会将行李用布包扎在一根便于肩扛的木棍上。后来"束"的系扎行囊的本义消失后，篆改另外加"口"，造"橐"字代替，我们今天常用的，则是束缚、约束的意思，如束手无策、束之高阁、无拘无束，"束"还用来表示聚集成一条的东西，如光束，有时候还用来表示事情的终止，如结束。"束"还当做量词使用，如一束。

mǒu 某	部首：木，笔画：9。
	六书：会意
	笔顺：某某某某某某某某某

tiáo 条	部首：木，笔画：7。
	六书：形声
	笔顺：条条条条条条条

【字源演变】

金文　小篆　隶书　楷体

【说文解字】

酸果也。从木从甘。

【基本解释】

"某"字从金文字形看，上面是"甘"，表示甜味；下面是"木"，表示与植物有关，"某"的本义是一种酸甜混合、滋味复杂的果子，也是"梅"的本字。后引申为指一定的人或事物（知道名称而不说出），如张某、某部等；也可指不定的人或事物，如某人、某事、某地等；一些人还习惯用"某"来代替自己或自己的名字，如有人会自称张某人；当含有不客气的语气时，常将"某"来替代别人的名字，如张某。"某"在一些情况下也可以叠用，如某某学校。

【字源演变】

小篆　隶书　楷体

【说文解字】

小枝也。从木攸声。

【基本解释】

按《说文解字》的说法，"条"字的本义是树上的小树枝，或植物的细长枝，多指植物的细长的枝，如柳条儿、枝条，贺知章《咏柳》中的"万条垂下绿丝绦"中的"条"就是这个意思。"条"还引申为条形的东西或者细长的形状，如条子、面条儿、条纹、苗条等。"条"还可以表示项目、层次、秩序，如条文、条理、有条不紊等。现代汉语中"条"还可以当做量词，如一条项链。

zá 杂	部首：木，笔画：6。
	六书：会意
	笔顺：杂杂杂杂杂杂

rǎn 染	部首：木，笔画：9。
	六书：形声／会意
	笔顺：染染染染染染染染染

【字源演变】

小篆　隶书　楷体

小篆　隶书　楷体

【说文解字】

五彩相會。从衣集聲。

【基本解释】

现代汉语中，"杂"字合并了字形复杂的"襍"，"杂"由"木"和"九"组成，表示多种树木，从小篆字形看，"襍"字左边是"衣"，表示与服装有关；右边是"集"，表示读音，本义是用各种颜色的碎布缝制衣服。

现在的"杂"字由衣服颜色的多种多样，引申为不单纯、多样的，如杂乱、杂货、杂居、杂念、错综复杂等；还可以指混合，如夹杂、混杂、杂交。

【字源演变】

小篆　隶书　楷体

【说文解字】

以繒染爲色。从水杂聲。

【基本解释】

从小篆字形看，"染"字左边是"水"，表示与水有关；右上部是"又"，表示取；右下部是"木"，表示草木，指染色的植物，合起来表示用取自草木的色汁浸泡丝帛绢布，使之着色，本义是将素色丝品染成有色丝帛。后泛指把东西放在颜料里使着色，如染料、染色、染缸、印染等；也引申为感染疾病或沾上坏习惯或接触到什么，如染病、感染、传染；形容非常干净也可以说"一尘不染"。

部首：木，笔画：9。

六书：形声

笔顺：查查查查查查查查查

部首：木，笔画：9。

六书：形声

笔顺：架架架架架架架架架

【字源演变】

小篆　　隶书　　楷体

【广　韵】

水中浮木。

【集　韵】

莊加切，同"槎"。

【基本解释】

从小篆字形看，"查"字上面是"木"，下面是"且"，表示读音。后来隶书时，"查"字下面的"且"，写成了"旦"，应该是误写。《广韵》中说"查"的本义是水中浮木，即木筏。

现代汉语里"查"是个多音字，有两个读音：读chá的时候，用做动词，表示考察，如检查、调查、查阅、查访等。读zhā的时候，表示姓氏。

【字源演变】

小篆　　隶书　　楷体

【说文解字】

與椵同。亦作枷。杙也，所以舉物。又衣架也。

【基本解释】

从小篆字形看，"架"字上部是"加"，表示读音；下部是"木"，表示与木有关，本义是用来支撑、放置东西的木制用具，也指挂衣服的架子。现代汉语保留着本义，如衣架、书架等；后来引申为搭建、构筑、支起，如架桥、架空等。"架"还引申为互相殴打、争吵的意思，如吵架、劝架等。此外，"架"还可以作为量词使用，多指有支柱的或有机械的东西，如一架机器、一架钢琴。

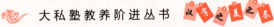

部首：木，笔画：9。

六书：形声

笔顺：标标标标标标标标标

部首：木，笔画：7。

六书：形声

笔顺：杆杆杆杆杆杆杆

【字源演变】

小篆　　隶书　　楷体

【字源演变】

小篆　　隶书　　楷体

【说文解字】

木杪末也。从木票声。

【说文解字】

檀木也。

【基本解释】

　　"标"是"標"的简化字。从小篆字形上看，"標"字左边是"木"，表示与树木有关；右边是"票"，表示读音，"木"与"票"组合起来表示"轻摇的树枝"，所以"标"的本义是树梢、树木的末端。由此引申为事物的枝节或表面，与"本"相对，由树梢引申为表面的、非根本的，如标本；"标"也表示记号或用文字等方式说明，如标记、标题等。由树木的最高处也引申为表示给竞赛优胜者的奖品，也指优胜，如夺标、锦标赛等。我们学习的时候，老师通常会建议我们设立一个目标，"标"在这里就是高的要求。

【基本解释】

　　从小篆字形看，"杆"字左边是"木"，表示与树木有关；右边是"干"，表示读音，其本义是一种树木的名字，即"檀木"，也有的说是"柘树"。现代汉语中，"杆"是一个多音字：读gǎn的时候，表示两种含义：一是指杆子，即器物上像棍子的细长部分，如笔杆儿；二是做量词，用于有杆的器物，如一杆枪、一杆秤。读gān的时候，表示较长的棍子，如旗杆、桅杆。总之，"杆"多指用来做杠杆、把手或支撑用的狭长的、通常有相当硬度的木条。

部首：木，笔画：9。	
六书：形声	
笔顺：树树树树树树树树树	

部首：木，笔画：8。	
六书：会意	
笔顺：林林林林林林林林	

〖字源演变〗

小篆　　隶书　　楷体

〖字源演变〗

甲骨文　金文　小篆　隶书　楷体

〖说文解字〗

生植之總名。从木尌聲。尌，籀文。常句切。

〖说文解字〗

平土有叢木曰林。从二木。凡林之屬皆从林。

〖基本解释〗

"树"原本写作"尌"，甲骨文写作"🤚"，表现一只手把植物种到器物中，本义是种植。后来为了表明种植对象是植物，古人就添加一个"木"字旁来明确字义。

"千年树木，百年树人"中第一个"树"就是用的本义，"树"作为种植的本义不很常用，转而表示种植的对象，即"树木"。在现代汉语里，"树"是木本植物的通称，如树木、树大根深；引申为建立，如树立、树敌。此外，"树"还可以做量词使用，相当于"株""棵"，如一树梅花。

〖基本解释〗

"林"是个古老的字，甲骨文时，两棵树并排而立，就是"林"。本义是平坦的地面上有丛生的树木。独木只能是"树"，而一片树才能成为"林"。从字形看，甲骨文、金文和小篆没有太大变化，像两棵树并排着，表示树木多。现在还保留着"林"的本义，表示长在一片土地上的许多树木或竹子，如树林、森林、林海、竹林等。

"林"还引申为聚集在一起的同类的人或事物，如碑林，存放了汉魏以来各种碑石一千数百方，是我国保存古碑最多的地方。

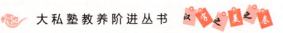

	部首：木，笔画：10。
	六书：形声
	笔顺：样样样样样样样样样样

	部首：木，笔画：10。
	六书：形声
	笔顺：核核核核核核核核核核

【字源演变】

小篆　　隶书　　楷体

【字源演变】

小篆　　隶书　　楷体

【说文解字】

栩實。从木，羕聲。

【说文解字】

蠻夷以木皮爲篋，狀如籢尊。从木亥聲。

【基本解释】

按《说文解字》的说法，"样"字的本义是橡树的果实，假借为"像"，指形状、人的相貌或神情以及供人模仿的东西，如样板、榜样、模样、图样、装模作样；样还用来指种类，如花样、各种各样；做量词时，可以和数词连用描述事物的种类，如三样点心；

【基本解释】

"核"，从小篆字形看，左边是"木"字旁，右边是"亥"，"亥"表示读音。许慎《说文解字》认为，"核"的本义是少数民族用树皮做的一种放行李的箱子，现在这一本义已消失。还有说，"亥"是"咳"的省略，代指喉结，所以，"核"指果实中坚硬并包含果仁的部分，如桃核、杏核；也指像核似的东西，如核心、核反应、核武器。"核"也表示仔细地对照、考察，如核定、核算、核实。在口语里，表示果核的含义时，读hú，如杏核儿。

部首：木，笔画：10。

六书：形声

笔顺：格格格格格格格格格**格**

部首：木，笔画：7。

六书：形声＋会意

笔顺：村村村村村村村

【字源演变】

金文　小篆　隶书　楷体

【说文解字】

木長皃。从木各聲。

【基本解释】

　　"格"，从金文字形看，左边是"木"，表示和树木有关；右部是"各"，其甲骨文字形是一只脚进入到一个城邑，应是别人的领地，是进犯的意思，加上木字旁，表示用木械进犯、攻击。"各"还表示不同的个体，两两不相听从，"木"与"各"合起来表示树干与树枝形成十字交叉之形，枝权互相交错，本义指树木枝干分叉。现在多做动词，表示击打，如格斗、格杀；也常做名词，表示规则、标准，如格律、合格、资格；还表示品质，如格调、风格、性格；"格"也指划分好的空栏和框子，如格子布、田格本。

【字源演变】

小篆　隶书　楷体

【说文解字】

地名。从邑屯聲。

【基本解释】

　　"村"是邨的异体字。小篆字形中，左边是"屯"，指驻扎，也表示读音；右边是"邑"，指人口聚集的地区，其本义是人口聚集的自然村落。隶书将篆文的"邑"写成双耳旁。俗体楷书"村"根据草书字形楷化时，误将草书字形中的"屯"写成"木"，于是写成"木"形、"寸"声的形声字。现在保留了其本义，如村子、村民，陆游《十一月四日风雨大作》中的"僵卧孤村不自哀"中的"村"字就是这个意思。当代汉语中又引申为人口聚集的主题小区，如奥运村、画家村。

	部首：木，笔画：7。
	六书：形声
	笔顺：材材材材材材材

	部首：木，笔画：11。
	六书：形声
	笔顺：检检检检检检检检检检检

【字源演变】

小篆　　　隶书　　　楷体

【说文解字】

木梃也。从木才声。

【基本解释】

　　从小篆字形看，"材"左边为木，表示与木有关；右边为"才"，表示读音，"材"的本义是木棍，后来引申为用于建筑的木料，也泛指一切原料或资料，如材料、教材、题材；形容在本地找需要的材料，比喻不依靠外力，充分发挥本单位的潜力，我们可以说"就地取材"。"材"还专指做棺木的木材，如寿材。后来，"材"引申为能力、资质，如形容才能大而位置卑微，使用不当的"大材小用"；根据受教育者的不同情况，采用相应的内容和方法施行教育的"因材施教"，这里的"材"都指能力。

【字源演变】

小篆　　　隶书　　　楷体

【说文解字】

書署也。从木佥声。

【基本解释】

　　从"检"的小篆字形看，左边是"木"，表示与木材类的有关；右边是"金"，表示读音。"金"是"签"的省略写法，表示标记，所以"检"的本义是古代标明简册内容以便查找的小木片，也就是书内的标签。现在"检"由书的标签引申为查，如检验、检阅、体检等；"检"还有注意约束言行的意思，如检点。

部首：木，笔画：6。

六书：形声

笔顺：机机机机机机

部首：木，笔画：7。

六书：形声

笔顺：极极极极极极
极

【字源演变】

小篆　隶书　楷体

小篆　隶书　楷体

【说文解字】

木也。从木几聲。

機，主發謂之機。从木，幾聲。

【基本解释】

在古代，"机"与"機"是两个不同的字，汉字简化时，"机"合并了字形复杂的"機"。"机"，木字旁，本义是一种树木，假借为做凳子的跳木；"機"则是弓弩上的发射扣板，逐渐引申出机器、机械、机动等词汇，也在心理层面指心思、念头等，如动机、心机、机智；还可以表达有生命的生物体器官的作用，如机能、有机体；也可以指机会、时机，或者事情变化的枢纽、有重要关系的环节、重要的事务，如随机应变。

【字源演变】

小篆　隶书　楷体

小篆　隶书　楷体

【说文解字】

驢上負也。从木及聲。或讀若急。

極，棟也。从木亟聲。

【基本解释】

汉字简化时，"极"合并了字形复杂的"極"，其实在古代这是两个不同的字。

"极"由"木"和"及"组成，本义为放在驴背上用以载物的木架；而"極"的本字为"亟"，从最早的甲骨文字形看，是指天、地之间两端的限度，后加上木字旁，造出"極"字，表示房屋的柱子的上下两端。

现代汉语里，"极"字引申义为顶点、尽头、最高的、最终的，都含有顶端的意思，如：物极必反、极端；"极"还表示最高程度，如好极了。

mó mú 模	部首：氏，笔画：14。
	六书：形声
	笔顺：模模模模模模模模模模模模模模

bǎn 板	部首：木，笔画：8。
	六书：形声
	笔顺：板板板板板板板板

【字源演变】

小篆　隶书　楷体

【字源演变】

小篆　隶书　楷体

【说文解字】

法也。从木莫聲，讀若嫫母之嫫。

【说文解字】

判也。片木也。从片，反聲。

【基本解释】

"模"字的左边是"木"，表示与木有关；右边是"莫"，表示读音，其本义是制作器物的模型。

在现代汉语里，模是个多音字：读 mó 时，指法式、规范和标准，如模型、模式、楷模等；也有照着做的意思，如模仿、模拟。还可以特指某方面做得好的人，如模范、劳模等。读 mú 时，指用以复制铸造器物的框框，如模子、模板、模具、模样等。

【基本解释】

从"板"的小篆字形看，左边是"片"，右边是"反"。《说文解字》写作"版"，后来"版"字中有关薄木板这部分字义由"板"字代替，指被劈成薄片的木板，所以"板"的本义是薄木板。后来凡是在官殿、房屋里可以当东西用的薄木板都可以称作"板"，如案板、木板等；因为木板通常比较硬，后来引申为硬得像板子似的，如板结；"板"也用来表示不灵活、缺少变化，如死板、呆板；形容人的表情严肃，可以说板着脸。

	部首：木，笔画：8。
gòu 构	六书：形声
	笔顺：构构构构构构构构

	部首：木，笔画：8。
xī 析	六书：会意
	笔顺：析析析析析析析析

【字源演变】

小篆　　隶书　　楷体

甲骨文　金文　小篆　隶书　楷体

【说文解字】

蓋也。从木冓聲。杜林以爲椽桷字。

【说文解字】

破木也。一曰折也。从木从斤。

【基本解释】

　　"构"是"構"的简化字。从小篆字形看，左边是"木"，右边是"冓"，"冓"的字形像两条鱼头对头遇见的样子，所以"冓"的本义是相遇、相接。"木"和"冓"合起来表示把木头连接在一起，本义是架木造屋。《说文解字》中也说"构"是"蓋也"，即盖房子的意思。后来俗体楷书"构"以字形简单的"勾"代替正体楷书"構"的"冓"，既表"冓"音，同时也表示"勾连"。现在，"构"字仍然表示造、组成、组合的意思，如构造、构思、构想、构图等；还表示作品，如佳构。

【基本解释】

　　从甲骨文字形看，"析"由"木""斤"两部分组成，"木"是树，"斤"是斧子，整个字形像一把斧子砍伐大树的样子。所以"析"的本义是用斧子将木头劈开。在古文中劈竹为"剖"，劈木为"析"。现在我们常用"析"的引申义，表示分开、分解、解释，如分崩离析、剖析、赏析、解析等。

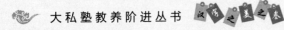

部首：木，笔画：6。

六书：形声

笔顺：权权权权权权

部首：木，笔画：10。

六书：形声

笔顺：校校校校校校校校校校

【字源演变】

小篆　　隶书　　楷体

【说文解字】

黄華木。从木藋聲。一曰反常。

【基本解释】

　　从小篆字形看，"权"字的左边是"木"，表示与植物有关；右边是"藋"，表示读音，其本义为一种叫黄华木的树。

　　还有一种说法认为"权"是反常的意思。后来假借为秤、秤锤，指测定物体重量的器具，如权衡；《孟子》说：权然后知轻重，度然后知长短，进一步引申为在职责范围内的支配和指挥的力量，如权力、权威、政权、权势、人权；还指有利的形势，如主动权。

【字源演变】

小篆　　隶书　　楷体

【说文解字】

木囚也。从木交聲。

【基本解释】

　　"校"字的右边为"交"，表示叉腿而立，也表示读音；左边为木字旁，表示形，其本义是木头做的囚车。

　　现代汉语中，"校"是个多音字：读xiào时，可指学校，即专门进行教育的机构，如校园、校长；也指军衔的一级，在"将"之下，"尉"之上，如大校；也可指古代军队编制单位，如校尉。读jiào时，表示比较，如校场，即操练比武的场地，也可以表示查对、订正，如校勘、校订、校对。

部首：木，笔画：11。

六书：形声

笔顺：械械械械械械械械械械械

部首：木，笔画：7。

六书：形声

笔顺：杨杨杨杨杨杨杨

〖字源演变〗

小篆　　隶书　　楷体

〖字源演变〗

小篆　　隶书　　楷体

〖说文解字〗

桎梏也。从木戒聲。一曰器之總名。一曰持也。一曰有盛爲械，無盛爲器。

〖说文解字〗

木也。从木昜聲。

〖基本解释〗

从小篆字形看，"械"字左边是"木"，表示材质，可以是木头、木棍一类器物；右边是"戒"，表示读音，其本义是桎梏，即脚镣和手铐。另有一种说法认为，"械"是各种巧器的总称。古时候，有容具的叫"械"，没有容具的叫"器"。现代汉语中，"器""械"常常联用。"械"指器物，如器械、机械；还指武器，如械斗、缴械投降；此外，"械"还指木枷和镣铐之类的刑具，如械系。

〖基本解释〗

"杨"字的左边是"木"，表示与树木有关；右边是"昜"，表示读音。"杨"的本义是指一种树，果实带毛，可以乘风远播，即杨树。杨树是一种落叶乔木，种类很多，有白杨、大叶杨、小叶杨等，木材可做很多东西。"杨柳青青江水平""今宵酒醒何处？杨柳岸，晓风残月"都是脍炙人口的诗句。"杨"还指杨柳、杨桃、杨梅等植物。

	部首：木，笔画：12。
mián **棉**	六书：会意
	笔顺：棉棉棉棉棉棉棉棉棉棉棉棉

	部首：木，笔画：12。
zhí **植**	六书：形声
	笔顺：植植植植植植植植植植植植

【字源演变】

小篆　　隶书　　楷体

【说文解字】

木棉，树名。

【基本解释】

"棉"字的本义就是指木棉树，一年生或多年生草本植物或灌木，果实像桃，里面有白色的纤维和黑褐色的种子；白色的纤维是做布或做棉衣的重要原料，种子可以榨油，既可以食用也可以工业用，这种植物统称棉花。我们生活中，由棉花或者其中的纤维做的东西很多，如棉布、棉线、棉签、棉被、绵里藏针等；"棉"也可以指像棉花的絮状物，如石棉、腈纶棉、膨松棉等。"棉"做形容词是绵薄、微薄的意思，如勉竭棉力。

【字源演变】

小篆　　隶书　　楷体

【说文解字】

户植也。从木直声。櫃，或从置。

【基本解释】

"植"字左边为"木"，表示树苗；右边为"直"，既是声旁也是形旁，表示端正、不弯曲。"木"和"直"合起来表示将树苗直立地栽在地上，所以"植"的本义是栽种树苗。有的篆文以"置"（放置、摆放）代"直"，表示将柱子竖立起来。这与《说文解字》中的"户植"相吻合。我们现在常用"植"字栽种的含义，如种植、培植、植树等。在生物学里，"植"也用来指谷类、花草、树木等的统称，如植物、植被、绿植。

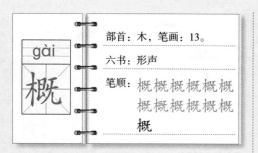

部首：木，笔画：13。

六书：形声

笔顺：概概概概概概概概概概概概概

部首：木，笔画：10。

六书：形声

笔顺：案案案案案案案案案案

【字源演变】

小篆　　隶书　　楷体

【说文解字】

㧾斗斛。从木既聲。

【基本解释】

"概"，从小篆字形看，下面是"木"，表示与树木有关；上面是"既"，为吃完饭起身离开的意思，表示读音。"概"的本义是量米粟时刮平斗斛用的木板，不使过满。后来引申为大约、总括，如大概、概论、概述、梗概、概括；还表示全、都、一律，如一概而论。"概"还引申表示气度、节操，如气概。

【字源演变】

小篆　　隶书　　楷体

【说文解字】

几屬。从木安聲。

【基本解释】

"案"的本义是木制的盛食物的矮脚托盘，属几类的家具。"几"就是半蹲着坐的矮凳，像这样的家具称为案。古代窄小的桌叫"几"，宽矮稳定的叫"案"，高立的叫"桌"。从字形看，上面是"安"表示读音；下面是"木"，表示材质。"案"在古代也指一种长方形可放东西的家具，如书案、案板等。在战国、两汉时期，"案"多是木制、涂红黑色的漆，有彩纹。后来由书案又引伸出文案、文件的意思，如档案、方案等。

部首：子，笔画：6。

六书：会意

笔顺：存存存存存存

部首：土，笔画：6。

六书：形声

笔顺：在在在在在在

〖字源演变〗

小篆　　隶书　　楷体

〖字源演变〗

甲骨文　金文　小篆　　隶书　　楷体

〖说文解字〗

恤問也。从子才聲。

《爾雅·釋詁》：存，在也，察也。

〖基本解释〗

"存"字，从小篆字形看，左边是"才"，既是声旁又是形旁，表示柱梁，代表建屋安居；右边是"子"，代表繁衍后代。"子""才"合起来表示定居生活、繁衍后代。所以"存"的本义是生存，安居乐业，传宗接代，生生不息，强调时间的延续；隶书字形做了改变，后来词义引申为活着、健在，如存在、存活；再进一步引申为保护、照顾，如温存；还有保留、留下、聚集的意思，如保存、留存、去伪存真。

〖说文解字〗

存也。从土才聲。

〖基本解释〗

"在"的甲骨文字形是"才"，到金文时加上一个"土"做形旁，声旁是"才"，"土"做形旁，就是指赖以生存的居所及土地，所以"在"的本义是"存、居"，如存在、青春常在。后引申为动词，表示存留于某地点，如在家、在职、在位；也引申为介词，表示事情的时间、地点、情形、范围等，如在逃、在握、在世等。此外在还表示动作的进行，如他在种地。

部首：艹，笔画：4。

六书：会意

笔顺：艺艺艺艺

部首：艹，笔画：7。

六书：形声

笔顺：苏苏苏苏苏苏苏

【字源演变】

小篆　　隶书　　楷体

【字源演变】

小篆　　隶书　　楷体

【说文解字】

種也。从坴、丮，持亟種之。

【说文解字】

桂荏也。从艸穌聲。

【基本解释】

从小篆字形看，"艺"字左上是"木"，表植物；右边是人用双手操作，又写成"執"，"坴"表示土块；"丮"表示拿，后繁化为"藝"，种植的本义更加明显。所以"艺"的本义是种植。

现代汉语里还使用本义，如园艺，后来引申为技能、才能、技术，如技艺、艺术品、文艺、工艺；还指艺术，包含了戏剧、曲艺、音乐、美术、建筑、舞蹈、电影、文学等多个领域。

【基本解释】

从小篆字形看，"蘇"字上部是"艹"，表示与植物有关；下面是"穌"，表示读音，其本义是一种植物桂荏，也就是紫苏。现在我们除了使用"苏"的本义外，还引申为恢复知觉或者活力，从昏迷中醒过来，如苏醒、复苏。另外，"苏"还可以指一种须状下垂的饰物，如流苏。

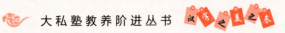
ruò 若	部首：艹，笔画：8。
	六书：会意
	笔顺：若若若若若若若若

kǔ 苦	部首：艹，笔画：8。
	六书：形声
	笔顺：苦苦苦苦苦苦苦苦

【字源演变】

【字源演变】

【说文解字】

择菜也。从艹右。右，手也。一曰杜若，香艹。

【说文解字】

大苦，苓也。从艹古聲。

【基本解释】

"若"字的甲骨文的字形像一个人正在用双手梳理着头发，表示女子的顺从，后来在"若"字左侧加上"口"字成"喏"，表示应答；加"言"表示承诺。《说文解字》中说"若"的本义是择捡菜蔬。还有一种说法认为，"若"是杜若，是一种香草。

现代汉语中"若"表示像、好像，如安之若素、若隐若现、旁若无人、门庭若市、置若罔闻；也可以做连词，表示如果、假如，如倘若、假若，天若有情天亦老。

【基本解释】

"苦"字的本义为一种很苦的草。草字头表意，"古"字表声，后引申为像胆汁或黄连的滋味，与"甘"相对，如甘苦、苦胆。由苦的滋味，又引申为感觉难受的，如苦海（原为佛教用语，后喻很苦的环境）、艰苦、含辛茹苦、吃苦耐劳、苦恼。又引申为为某种事所苦恼，如苦雨、苦夏。也因此引申为使受苦。因苦的草药往往能治病，于是又引申为以好心尽力地，如苦劝、苦口婆心、苦心孤诣。

部首：艹，笔画：8。

六书：形声

笔顺：英英英英英英英英

部首：艹，笔画：8。

六书：形声

笔顺：范范范范范范范范

【字源演变】

小篆　　隶书　　楷体

【说文解字】

艸榮而不實者。一曰黃英。从艸央聲。

【基本解释】

"英"，从小篆字形看，上面是"艹"，表示与植物有关；下面是"央"，表示读音，其本义为开花而不结果的草。一种说法认为"英"是黄色的花蕊。后来引申为植物的花，如落英缤纷；也引申为精华、事物最精粹的部分，如精英；或用于形容才能出众的人，如英俊、英才、英明、英烈。

【字源演变】

小篆　　隶书　　楷体

小篆　　隶书　　楷体

【说文解字】

艸也。从艸氾聲。

【基本解释】

"范"，从篆文字形看，上面是"草"；左下部是"水"，表示沐浴；右下部是人形，表示"人"。"范"的本义是一种草。沐浴、薰香是远古贵族、雅士的生活方式。隶书"范"将篆文的"艸"写成"艹"。

在古文中，"范"通"範"，汉字简化的时候，用"范"合并了字形复杂的"範"。"範"的本义是行车祭奠路神的仪式，引申为榜样、框架、标准，如典范、模范、范围；也引申为一定的界限，如范围、范畴。"范"有时候也表示限制，如防范。

	部首：艹，笔画：9。
yào 药	六书：形声
	笔顺：药药药药药药 药药药

	部首：艹，笔画：9。
cǎo 草	六书：形声
	笔顺：草草草草草草 草草草

【字源演变】

小篆　　隶书　　楷体

【字源演变】

小篆　　隶书　　楷体

【说文解字】

治病艸。从艸樂聲。玉篇引作治疾病之艸總名。

【说文解字】

草斗，櫟實也。一曰象斗子。从艸早聲。

【基本解释】

"药"的小篆字形，由 艹（艸）＋ 乐（乐）组成，"艸"，是指草本植物；"乐"，就是指健康、快乐、舒服，隶书把"艸" 乐 写成"艹"。那么，"药"字的本义就是指用来治病、能够解除病痛、给人带来健康快乐的草本植物，就是今天人们说的中草药。"艸"做形旁，"乐"做声旁。这个字义一直沿用至今。

现代汉语中，"药"不仅指中草药，还延展到所有通过生化反应以治病的制剂或其他物质，如药片、药品；以及反应剧烈的化学物质，如火药、炸药。

【基本解释】

"草"的本字可以追溯到甲骨文时期的"屮"，字形像刚破土萌发出两瓣叶子的嫩芽，本义就是大面积生长的茎干柔软的禾本科植物。小篆时成了"艸"，隶书演变为"艹"字旁，代指广义的"草"，包括庄稼和蔬菜，如青草、粮草；也特指用作燃料、饲料的稻麦之类的茎叶，如草料、柴草。《说文解字》许慎说"草"是"皂"的本字，指栎树的荚果"象斗子"，即皂角，可用来染色，"皂"就是黑色的意思。后被借用表示"草"，另造"皂"字代替。

现代汉语"草"引申为在山野、民间，如草民；又引申为粗糙、不细致，如草率、潦草；也引申为初步的，非正式的，如草稿。汉字书法中有一种书体叫草书。

	部首：艹，笔画：10。
huò 获	六书：形声
	笔顺：获获获获获获获获获**获**

	部首：艹，笔画：11。
yíng 营	六书：形声
	笔顺：营营营营营营营营营营**营**

【字源演变】

小篆　隶书　楷体
小篆　隶书　楷体

【说文解字】

獲，獵所獲也。从犬蒦聲。
穫，刈穀也。从禾，蒦聲。

【基本解释】

古时候，"獲"、"穫"是两个不同的字，汉字简化时，统一简化为"获"。

"蒦"是"獲"的本字，本义是捕猎所获得的禽兽；蒦，最初字形是"隻"：由"隹"和"又"组成，像猎人手拿一只鸟，表示猎获鸟雀。小篆加犬旁表示捕获禽兽，引申为猎到的东西、俘虏敌人、取得、遭受等，如捕获、俘获。

禾旁的"穫"表示农业收成，农夫得到的谷物，后引申为得到、获得的意思，如获胜、不劳而获等。

【字源演变】

小篆　隶书　楷体

【说文解字】

市居也。从宮，熒省聲。

【基本解释】

"营"，从小篆字形看，下面为"宫"，就是房子，与居住有关；"熒"表示读音，其本义为四面垒土而居住，引申为军队驻扎的地方，借指按编制集体生活的地方，如营地、营房、野营、阵营；"营"还是军队的编制单位，是连的上一级、团的下一级；此外，"营"也有筹划，管理，建设的意思，如营业、国营、营造等，还有谋求的意思，如营生、营救、营养。

| 部首：艹，笔画：11。 |
| 六书：形声 |
| 笔顺：著著著著著著著著著著著 |

| 部首：艹，笔画：12。 |
| 六书：形声 |
| 笔顺：落落落落落落落落落落落落 |

【字源演变】

小篆　　隶书　　楷体

【字源演变】

小篆　　隶书　　楷体

【说文解字】

饭敧也。从竹者声。陟虑切。又，遟倨切。

【说文解字】

凡艸曰零，木曰落。从艸洛声。

【基本解释】

"著"的本字是"箸"，"箸"指筷子；下面的"者"是"煮"的省略，表示煮熟的食物，也表示读音，古人祭祀时，将筷子插在煮熟的肉食上，奉献给祖先和神灵，其本义是明显、突出的意思。后来用"著"代替"箸"表示突出、显著，如著名、著称等；"著"也引申为写文章、写书，如编著、著书立说；还专指写出来的书或文章，如名著、著作等。

"著"在过去还是"着"的繁体字，做动词是附着、穿着的意思，读音是zhuo，还有做助词，表示动作、状态的延续，读音是zhe。

【基本解释】

从小篆字形看，"落"上面是"艹"，表示与植物有关；下面是"洛"，表示读音。在古代，草掉叶子叫"零"，树掉叶子叫"落"，所以"落"的本义是树木叶子不堪打击而飘落。

现代汉语里，落为多音字：读luò时，由树叶的飘落引申为掉下来、往下降，如下落、叶落归根等；也指人命运不顺或衰败的景象，如衰落、沦落；表示遗留在后面的意思时，可以说名落孙山、落后等；也可以指停留或居住的地方，如落脚、村落；"落"还用来表示归属或得到，如计划落空了。读là时，常用于口语，表示遗漏、遗忘或被丢在后面，如把书落在家里了。读lào时，也用于口语，如落枕，指睡觉时受寒或枕枕头的姿势不合适，以致脖子疼痛，转动不便。

	部首：艹，笔画：13。
	六书：形声
	笔顺：

	部首：十，笔画：6。
	六书：会意
	笔顺：

【字源演变】

甲骨文　小篆　隶书　楷体

【字源演变】

甲骨文　金文　小篆　隶书　楷体

【说文解字】

折麻中榦也。从艸烝聲。

【说文解字】

華，榮也。从艸，从𠦏。凡華之屬皆从華。

【基本解释】

　　"蒸"在古代的意思相对单一，从甲骨文字形看，像两只手扶着一个做饭的锅。小篆字形增加了"艹"和"火"，表示与植物和火有关，变成了一个形声字，下面的"烝"表示读音，上面的"艹"表示植物。本义是将麻杆从中间折断。后来"蒸"引申为一种物理现象，是指液体或固体因蒸发沸腾或升华而变成的气体，也指热气上升，如蒸汽、蒸发、蒸蒸日上。人们将这种物理现象用在了食材的烹饪上，指用水蒸气的热力把东西加热或使熟，如蒸饭、蒸饼、蒸饺。

【基本解释】

　　从甲骨文字形看，"華"像一棵树上开满花的样子，所以"华"的本义是树木开花。金文淡化了花形，同时加"又"，表示手拿一束花枝。篆文加"艹"，经隶变字形写成"華"。

　　古文中木本植物开花叫"荣"，草本植物开花叫"华"，如春华秋实、荣华富贵。现代汉语中"华"的本义通常由"花"代替。

　　现在"华"仍有开花的意思，如春华秋实、华而不实。除此外，"华"多表示繁盛、美丽有光的、奢侈的意思，如华丽、繁华、浮华。"华"还可以指时光，如年华、韶华。"华"也用来指中国或汉族，如华夏、中华民族。"华"在地名里，或作姓氏用时，读音为 huà，如陕西的华山。

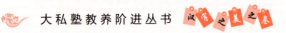

	部首：禾，笔画：9。
	六书：会意
	笔顺：香香香香香香香香香

	部首：禾，笔画：9。
	六书：会意
	笔顺：科科科科科科科科科

【字源演变】

小篆　　隶书　　楷体

【字源演变】

小篆　　隶书　　楷体

【说文解字】

芳也。从黍从甘。《春秋傳》曰："黍稷馨香。"凡香之屬皆从香。

【说文解字】

程也。从禾从斗。斗者，量也。

【基本解释】

"香"字的本义为从成熟的黍稷中散发出的气味，这种气味意味着将得到可口美食，因此小篆的曰是"甘"字，但到隶书后，"甘"字改成"日"字，原本很明显的会意字就有些不明朗。

现在"香"泛指好闻的气味，与"臭"相对，如芳香、清香；有香味自然让人感到舒服，因而引申为舒服，如睡得香；"香"还引申为一些天然或人造的有香味的制品，如麝香、檀香、沉香；旧时青年女子都使用香粉，故引申为用以形容女子事物或做女子的代称，如香闺、香艳。

【基本解释】

从小篆字形看，"科"字左边是"禾"，表示庄稼、谷物，右边是"斗"，表示一种量器，合起来表示用标准容具测量谷物，衡量、分别谷子的等级品类，所以"科"的本义是品类、等级，现在引申为对动植物的分类，如狮子属于猫科，槐树是豆科；还用于机关内部组织的划分，如科室、财务科；或者学术或专业的类别，如学科、科目、外科医生等；"科"还指在古代分科考选文武官吏后备人员的制度，如科举考试。

部首：禾，笔画：10。

六书：形声

笔顺：积积积积积积积积积积

部首：禾，笔画：10。

六书：形声

笔顺：称称称称称称称称称称

【字源演变】

小篆　　隶书　　楷体

【说文解字】

聚也。从禾責聲。

【基本解释】

从小篆字形看，"積"由"禾"和"責"组成，"禾"表示谷物，"責"表示接续、累加之意，所以"積"的本义为积累谷物，储备粮食。后俗体楷书"积"用读音相近的"只"代替正体楷书的"責"。后来引申为积累、积聚、长时间积累下来的意思，如积累、积分等；中医也常常用"积"字指儿童消化不良的病，如积食。

【字源演变】

小篆　　隶书　　楷体

【说文解字】

銓也。从禾再聲。春分而禾生。日夏至，晷景可度。禾有秒，秋分而秒定。律數：十二秒而當一分，十分而寸。其以爲重：十二粟爲一分，十二分爲一銖。故諸程品皆从禾。

【基本解释】

从小篆字形看，"称"字左边是"禾"，右边是"再"，表示读音，其本义是秤铊。读chèng时，表示测量重量所用的工具，就像我们现在用的秤，如弹簧称等，一般写作"秤"。

由秤砣这个称量物体的工具引申为测定重量时，读chēng，如称量、称重；"称"还指名字，如名称、简称；"称"也用来表示赞扬，如称赞。

"称"的另一个读音是chèn，指适合、恰当的意思，如对称、称心。

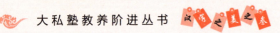
	部首：禾，笔画：11。
yí **移**	六书：形声
	笔顺：移移移移移移移移移移移

	部首：禾，笔画：12。
chéng **程**	六书：形声
	笔顺：程程程程程程程程程程程程

【字源演变】

小篆　　　隶书　　　楷体

【说文解字】

禾相倚移也。从禾多聲。一曰禾名。

【基本解释】

从小篆字形看，"移"字左边是"禾"，表示禾苗；右边是"多"，表示读音，其本义是把密集的禾苗进行移植；还有一种说法认为，"移"就是一种禾苗的名称。后来由禾苗的移植引申为搬动物品、挪动东西的意思，如迁移、移动、转移等；也引申为（情感、事态等）的改变、变动，如移居、潜移默化、移民。

【字源演变】

小篆　　　隶书　　　楷体

【说文解字】

品也。十髮爲程，十程爲分，十分爲寸。从禾呈聲。

【基本解释】

从小篆字形看，"程"的左边是"禾"，指谷物；右边是"呈"，表示读音，"程"的本义是度量长度的单位。古时候，十根毛发并列的宽度为一程，十程合并为一分，十分合并为一寸。后来，"程"引申为模式、套路、规矩，如程序、章程、课程；还表示出行的路线，旅行的道路，道路的段落、距离，如启程、行程、进程、日程等。

部首：禾，笔画：14。

六书：会意

笔顺：稳稳稳稳稳稳稳稳稳稳稳稳稳稳

部首：缶，笔画：10。

六书：形声

笔顺：缺缺缺缺缺缺缺缺缺缺

【字源演变】

小篆　　　隶书　　　楷体

【说文解字】

蹂穀聚也。一曰安也。从禾，隱省。古通用安隱。

【基本解释】

　　"稳"字的篆文由"禾"和"急"组成，"禾"表示谷物、粮食；"急"是"隐"的省略，表示藏匿，所以"稳"的本义是聚藏谷物。在缺乏粮食的古代，家有藏粮，心中才安稳，所以《说文解字》中说"稳"也有安稳的意思，有了充足的粮食，人心里就会安定。"稳"后来引申为安定的、有把握的、牢固的意思，如稳定、安稳、稳如泰山等。

【字源演变】

小篆　　　隶书　　　楷体

【说文解字】

器破也。从缶，决省聲。

【基本解释】

　　"缺"，从小篆字形看，左边是"缶"，表示器皿，盛东西的容器；右边是"夬"，表示开口，也表示读音，其本义是盛东西的容器被打破，后来引申为不够，如缺少、缺乏、欠缺、缺憾；在有些方言里，表示吃的方面不能满足可以说"缺嘴"。"缺"一般也指该到而未到的人，如缺勤、缺席、缺课；旧时"缺"可以指官职的空额，现也泛指一般职务的空额，如缺岗、补缺等。

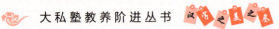
	部首：竹，笔画：10。
	六书：形声
	笔顺：笑笑笑笑笑笑笑笑笑笑

	部首：竹，笔画：11。
	六书：形声
	笔顺：第第第第第第第第第第第

【字源演变】

小篆　隶书　楷体

【说文解字】

此字本闕。私妙切[注]臣铉等案：孙愐《唐韵》引《说文》云："喜也。从竹从犬。"而不述其义。今俗皆从犬。又案：李阳冰刊定《说文》从竹从夭义云：竹得风，其体夭屈如人之笑。未知其審。

【基本解释】

这个字《说文解字》本来没有，后附上。看"笑"字的篆文字形，是由"𥫗"和"夭"组成，"𥫗"其实是"ᆸᆸ"开心的眼眉形状，误写成"𥫗"的，"夭"是指人扭动身体，整个字是指人因高兴而手舞足蹈，并发出快乐的声音。现代汉语仍使用本义，指露出愉快的表情，发出欢喜的声音，如笑容、笑颜、谈笑风生；笑也有冷笑，引申为讥讽，如笑话、贻笑大方、嘲笑。

【字源演变】

小篆　隶书　楷体

【说文解字】

次也。从竹弟。

【基本解释】

从小篆字形看，"第"上部是"竹"，指竹简；下面是"弟"，表示读音。"第"的本义是将竹简依次串连成册，表示次第，次序。现代汉语保留了本义，如第一、次第；"第"字在古代还专指科举考试及格的等次，就像我们现在考完试要根据成绩排名一样，如落第、及第；后又引申为封建社会官僚贵族的大宅子，如府第、宅地、门第。

部首：竹，笔画：12。

六书：会意

笔顺：等等等等等等等等等等等等

部首：竹，笔画：12。

六书：形声

笔顺：答答答答答答答答

【字源演变】

小篆　隶书　楷体

【说文解字】

齐简也。从竹从寺。寺，官曹之等平也。

【基本解释】

　　"等"字由"竹"和"寺"组成。"竹"，表示竹简；"寺"，表示简册堆积的地方，也表示读音。字的本义是整齐的简册，后引申为等级、辈分，如《吕氏春秋·召类》中的"士阶三等"、《三国志·诸葛亮传》中的"请自贬三等"，都是等级、等次的意思。根据竹简整齐的含义引申为表示数量、程度相同，或地位一般高，如相等、平等、等值，也引申为候、待，如等待、等候。

【字源演变】

小篆　隶书　楷体

【说文解字】

　　（荅）小尗也。禮注有麻荅。廣雅云。小豆荅也。叚借爲酬荅。从艸。合聲。都合切。

　　《爾雅·釋言》荅，然也。《廣韻》亦作答。

【基本解释】

　　按照《说文解字》的说法，"答"的本字是"荅"，是从"荅"假借来的。草字头的"荅"本义是指小豆，后假借做动词用，是回话、应对的意思，又引申为回报、酬答，后来做动词的这部分意思又造出"答"字代替。

　　现代汉语"答"是多音字，读dā，是应声回答或同意、允许的意思，如答应、理睬；读dá，是回答、回报、酬答的意思，如对答如流、答谢、报答等。

部首：竹，笔画：12。

六书：形声

笔顺：策策策策策策策策策策策策

部首：竹，笔画：13。

六书：形声

笔顺：简简简简简简简简简简简简简

【字源演变】

小篆　　隶书　　楷体

【字源演变】

小篆　　隶书　　楷体

【说文解字】

马箠也。从竹束声。

【说文解字】

牒也。从竹閒聲。

【基本解释】

"策"，从小篆字形看，上部是"竹"；下部是"束"，指带有芒刺的植物，表示读音。所以"策"的本义是头上有尖刺的赶马的竹鞭，如韩愈《杂说》里"执策而临之"中的"策"就是马鞭的意思。"策"还用来表示鞭打，如策马；由赶马引申为激励人，如鞭策，比喻经常督促。"策"后来用做名词，有计谋、主意的意思，如上策、策划、决策、束手无策。

【基本解释】

"简"字上面为"竹"字头，指写着文字的竹片；下边"间"字表示读音。"简"的本义是编扎在一起的狭长的写着字的竹片。先民发现用竹片书写，相比在甲骨和金属器皿上刻字更简洁方便，因此后来引申为简单，跟"繁"相对，或使简化、简单，如精简、简体、言简意赅等。古代可移动的文件中，用竹片书写的叫"简"，用木片书写的叫"札"或"牍"；一些"简"或"札"编缀在一起叫"册"，后来引申出书信的含义，如书简、信简等，"尺牍"也指书信。

部首：竹，笔画：14。

六书：会意

笔顺：算算算算算算算算算算算算算算算

部首：竹，笔画：14。

六书：形声

笔顺：管管管管管管管管管管管管管管

【字源演变】

小篆　　隶书　　楷体

【说文解字】

數也。从竹从具。讀若算。

【基本解释】

　　"算"的本义是计数。从小篆字形看，由"竹""目""手"三部分组成。"目"，像古代竹制计数器具，"手"是双手操持的意思，合起来表示双手操作计数器具计数。我们现在还保留着"算"的本义，表示核计、计数，如算盘、算计、算数、算账等。"算"也引申为谋划、推测之意，如盘算、推算等；或者引申为作罢、完结之意，如这件事就算了吧。

【字源演变】

小篆　　隶书　　楷体

【说文解字】

　　如篪，六孔。十二月之音。物開地牙，故謂之管。从竹官聲。琯，古者玉琯以玉。舜之時，西王母來獻其白琯。前零陵文學姓奚，於伶道舜祠下得笙玉琯。夫以玉作音，故神人以和，鳳皇來儀也。从玉官聲。

【基本解释】

　　"管"字上边是"竹"，下边是"官"，既是声旁也是形旁，表示掌权者。竹管表示毛笔。"管"最初的意思是指官吏使用的毛笔，《说文解字》中说"管"是一种乐器，像笛子，有六个孔，代表十二月之音，现在也指一种吹奏的乐器，如管乐、管弦乐。"管"还引申表示圆而细长中空的东西，如管线、管中窥豹、血管等。此外，"管"还可做动词，表示负责，如管理。

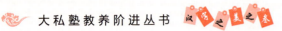

zài 再	部首：冂，笔画：6。
	六书：会意
	笔顺：

qí jī 其	部首：其，笔画：8。
	六书：象形
	笔顺：其其其其其其 其其

【字源演变】

金文　小篆　隶书　楷体

【说文解字】

一举而二也。从冓省。

【基本解释】

按照《说文解字》的说法，"再"是由"一"和"冓"组成的，"冓"就是"搆"（现代汉语简化为"构"）的本字，是指木材相交架在一起的样子。"再"，在"冓"上面再加个"一"，就表示第二次或者两次以上，即反复、重复的意思。古时候凡是说"二"，就是对偶的意思，说"再"，就是重复的意思。

现代汉语"再"沿用此义，有时专指第二次，有时指多次重复、反复，如一而再、再而三，又表示重复或继续，如再说、再见，也可以表示更、更加，如再勇敢一些；此外，"再"也表示承接前一个动作，如想好了再做。

【字源演变】

甲骨文　金文　小篆　隶书　楷体

【说文解字】

簸也。从竹、𠀠，象形，下其丌也。𠀠，古文箕省。其，籀文箕。

【基本解释】

"其"的甲骨文字形像倒写的"网"，表示用竹篾编织的简单容具，即"箕"的本字，其本义是竹篾编织成的开口簸箕。金文字形误将两个手柄写成"八"，并加"丌"，表示簸箕常被放在台子上。

当"其"的农用盛具本义消失后，再加"竹"另造"箕"代替，而"其"字则假借为第三人称代词，指他、她、它，如各得其所、莫名其妙、自食其果；做指示代词时指那、那个、那样，如其他、其余、名副其实。"其"也可以表示那里面的，如其中、只知其一，不知其二。还可以放在词尾，跟在副词后面，如极其。

部首：米，笔画：9。

六书：形声

笔顺：类类类类类类类类类

部首：米，笔画：10。

六书：形声

笔顺：粉粉粉粉粉粉粉粉粉粉

【字源演变】

小篆　　隶书　　楷体

【字源演变】

小篆　　隶书　　楷体

【说文解字】

種類相似，唯犬爲甚。从犬頪聲。

【说文解字】

傅面者也。从米分聲。

【基本解释】

"类"的本义是指同一种事物表现出的特征相同或者相似，这一点在犬科动物身上体现得尤为明显。从"类"的小篆字形看，"犬"做偏旁，"頪"表示读音，楷体字形进行了简化。"类"这个字表示一定的类别，用来区分事物的同与不同，如种类、类别、分类等。古语说"物以类聚，人以群分"，说明了一类事物的共同性，只有具备共同性，他们才可以在一起和平相处。"类"还引申为表示相似、好像的意思，如类似、类人猿、画虎不成反类犬等。

【基本解释】

"粉"字左边是"米"，表示与米、粮食有关；右边是"分"，表示碎裂，也表示读音。"粉"的本义是米粒辗磨碎裂后形成的细微屑末，就是我们常吃的面粉、米粉。现在"粉"还保留着本义，引申为粉末样的东西，如粉尘、米粉、花粉；根据"粉"的本义还引申为带粉末的，如香粉、粉墨登场、扑粉；也表示通过外力变成粉末，如粉碎。此外还指用豆粉或别的粉做的食物，如粉条、粉丝、凉粉。"粉"还表示一种颜色，如女孩儿都喜欢的粉红色。

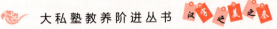

部首：米，笔画：11。

六书：形声

笔顺：粒粒粒粒粒粒粒粒粒粒粒

部首：米，笔画：13。

六书：形声

笔顺：粮粮粮粮粮粮粮粮粮粮粮粮粮

【字源演变】

小篆　　隶书　　楷体

【字源演变】

小篆　　隶书　　楷体

【说文解字】

糙也。从米立聲。𥻨，古文粒。

【说文解字】

穀也。从米量聲。

【基本解释】

"粒"的本义是谷类磨成的碎粒。在方言里，也指米饭粒儿。"米"做偏旁，"立"表示读音。现在"粒"引申为小圆珠形或小碎块形的东西，如豆粒儿、米粒儿、盐粒儿、颗粒等。但是对于"粒子"这个词要注意，如果"子"读轻声，就表示细小的东西；如果不读轻声，就指"基本粒子"，即物理学上的构成物体的最简单的物质。"粒"还可以作为量词使用，多指颗粒状的东西，如一粒米，一粒珍珠等。唐代诗人李绅《悯农》写道："锄禾日当午，汗滴禾下土。谁知盘中餐，粒粒皆辛苦。"诗中的"粒"用的就是这个意思。

【基本解释】

"粮"是"糧"的简化字。从小篆字形看，"粮"字左边是米字旁，表示与粮食有关；右边是"量"，表示读音。"粮"的本义是庄稼和粮食的总称。现在"粮"专指可吃的谷类（大米、小米等）、豆类（红豆、黑豆、绿豆等）和薯类（红薯、紫薯等）的总称，如粮食、粮仓、口粮、杂粮等。

jīng 精	部首：米，笔画：14。
	六书：形声
	笔顺：精精精精精精精精精精精精精精

liào 料	部首：斗，笔画：10。
	六书：会意
	笔顺：料料料料料料料料料料

【字源演变】

小篆　　隶书　　楷体

【说文解字】

择也。从米青聲。

【基本解释】

"精"，从小篆字形看，左边是"米"，表示与米有关；右边是"青"，表示读音。"精"的本义是经过筛选的优质稻米，引申为精华，可指物质中最纯粹的部分，如精品；也可指主观世界的思想，如精神等；做形容词时，可引申为指细密的、聪明的、美好的、深入的想法或事物，如精细、精致、精明、精诚等；"精"也可指人表现出来的活力和生气，如精力、聚精会神、无精打采等；"精"做副词时，则含有"很""极"的含义，如精瘦；有时也用来描述神话传说中的妖怪，如精灵、妖精等。

【字源演变】

小篆　　隶书　　楷体

【说文解字】

量也。从斗，米在其中。讀若遼。

【基本解释】

"料"的本义是称量谷物，字形采用"米""斗"会意，"斗"是古代一种称粮食的容器。米在斗中，表示正在给米称重。后来，"料"引申为估计、猜想、整理的意思，如料想、预料、料理、照料等。"料"还有提前预知事态发展的趋势，根据征兆判断的意思，如料事如神。"料"还引申为表示原料，如材料、备料、布料等。"料"也指喂牲口用的谷物，如草料。现在，"料"还有调味品的意思，如调料、作料等。

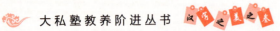

chōng 冲	部首：氵，笔画：6。
	六书：形声
	笔顺：冲冲冲冲冲冲

jué 决	部首：氵，笔画：6。
	六书：会意
	笔顺：决决决决决决

【字源演变】

【说文解字】

冲，涌摇也。从水中。读若动。

衝，通道也。从行童聲。《春秋傳》曰："及衝，以戈擊之。"

【基本解释】

从甲骨文字形看，"氵"表示河，"中"表示中心，也表示读音。本义是在河的中央，即河心，也是水流涌动最厉害的位置。"衝"的中间是"重"，表示读音；两边是"彳亍"，表示前进。"衝"的本义是交通要道，如首当其冲。汉字简化时，"冲"和"衝"统一简化为"冲"，现代汉语里，由水流的冲击引申为用水或酒浇注，如冲洗；还表示猛烈的撞击，不顾一切向前，如冲锋；也表示情感强烈，如冲动，这些对应的应是古字"冲"。

【字源演变】

【说文解字】

行流也。从水从夬。芦江有决水，出于大别山。

【基本解释】

"决"，从小篆字形看，左边是"水"，表示洪水；右边是"夬"，表示中断，本义是在洪汛期打开水坝，让洪水畅通。后来引申为排除阻塞物，疏通水道，堤岸被水冲开，如决口、溃决、决堤；此意后来也引申为断裂，指感情、关系、谈判等失败，如决裂，"决"还引申为断定、决定胜败，如决定、决计、决赛等；与否定词连用时，"决"表示非常坚决的语气，即一定，如决不后退，此用法与"绝"相近，但习惯用法稍有不同，"决不后退"与"绝无仅有"一般不替换使用；"决"也指执行死刑，如处决、枪决。

部首：氵，笔画：7。
六书：形声
笔顺：况况况况况况况

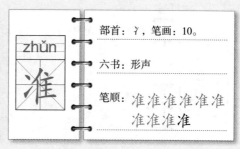

部首：氵，笔画：10。
六书：形声
笔顺：准准准准准准准准准准

【字源演变】

小篆　　隶书　　楷体

【字源演变】

小篆　　隶书　　楷体

【说文解字】

寒水也。从水兄聲。

【说文解字】

平也。从水隼聲。

【基本解释】

"况"字采用形声造字法，三点水为形旁，"兄"为声旁，这字用来专指寒水，后来这个本义消失，"况"字引申为情形、景况，侧重于整个事物的概况，比如情况、状况、近况等，这要从"况"字的声旁"兄"说起。"兄"现在当兄长讲，但甲骨文时期，"兄"是"祝"的本字，"兄"上是"口"，表示述说；下为跪着的人，字义应是汇报、述说情形的意思。所以现代汉语中，反而是这个引申义更常用。

在文言文中，"况"还作为连词用，表示更进一层，如况且，何况。

【基本解释】

"准"由"水"和"隼"组成，"隼"表示目光锐利的猎鹰，也表示读音，是指物体平面不倾斜，像水面一样平（所以叫"水平"），因此，"准"的本义是指观察建筑材料的线、面是否水平，后引申为确定平直的东西，如水准、准绳；也指箭靶的中心，或是含有正确、一定的意思，如准确，准保；"准"又引申为法则、依据、允许等，如准则、准此处理、准许等；"准"在现代汉语中也常放在名词前，表示即将成为某类事物，如准父母等。

部首：氵，笔画：7。

六书：形声

笔顺：汽汽汽汽汽汽汽

部首：氵，笔画：7。

六书：会意

笔顺：沉沉沉沉沉沉沉

【字源演变】

小篆　　隶书　　楷体

【说文解字】

水涸也。

【基本解释】

　　"汽"，从小篆字形看，左边是"水"，是形旁；右边是"气"，表示水的雾状形态，也表示读音。整个字本义是指河里没有水了，水都变成了气体，自然水就没有了。后来引申为水蒸气，如汽船、汽轮机、蒸汽机等；或指其他固体或液体受热而变成的气体，如汽化、汽灯、汽缸、汽车等。

【字源演变】

小篆　　隶书　　楷体

【广　　雅】

沉，没也。

【字　　汇】

　　同沈。沈，陵上滈水也。从水尤声，一曰濁默也。

【基本解释】

　　"沉"古时写作"沈"，甲骨文字形中，左边为"川"，表意河湖；小篆字形中，"沉"的右边是尤，即头朝下的牛。"沉"的本义是将牛羊牲畜或死刑犯投入水中活祭，以求免除水灾。现代汉语里保留了"沉"的本义，如沉没、沉浮、石沉大海、沉鱼落雁。"沉"后来引申为重量大，还表示感觉沉重，不舒服，此外，"沉"也用来表示深切长久、程度比较深，如沉默寡言、沉思、沉着。

部首：氵，笔画：7。

六书：会意

笔顺：沙沙沙沙沙沙沙

部首：氵，笔画：7。

六书：会意

笔顺：没没没没没没没

【字源演变】

金文　小篆　隶书　楷体

【字源演变】

小篆　隶书　楷体

【说文解字】

沙，水散石也。从水从少。水少沙见。楚东有沙水。谭长说：沙或从沁。

【说文解字】

沈也。从水从𠬝。

【基本解释】

从金文字形看，"沙"字的左边是"水"，右边是"少"，其本义是水中细散的石粒，水少了才看见沙粒，后泛指非常细碎的石粒，如沙子、沙尘、沙漠等；又引申为像沙的东西，如豆沙、沙瓤；因沙粒不光滑，也引申为声音不清脆、不响亮，如沙哑。

【基本解释】

"没"，从小篆字形看，左边是水，表示河流；右上边是"回"，表示漩涡，下面是一只手的样子，整个字形像被淹于漩涡中的人挥手挣扎的样子。本义是（人或物）下沉或沉没。

在现代汉语里，"没"是多音字：读mò的时候，指沉入水中，或漫过、高过（人或物），如雪深没膝、沉没；也表示隐藏、消失，如埋没、没落、出没。如果要将不合法或不符合规定的物品归公，可以说没收；"没"也表示一辈子、终身的意思，如没齿难忘。

当读méi时，指无、不及、数量不够的意思，如没钱、没轻没重、没有等。

部首：氵，笔画：8。

六书：形声

笔顺：治治治治治治治治

部首：氵，笔画：8。

六书：形声

笔顺：沿沿沿沿沿沿沿沿

【字源演变】

小篆　　隶书　　楷体

【字源演变】

小篆　　隶书　　楷体

【说文解字】

水。出東萊曲城陽丘山，南入海。从水台聲。

【说文解字】

緣水而下也。从水㕣聲。《春秋傳》曰："王沿夏。"

【基本解释】

"治"，从篆文字形看，左边为"水"，右边为"台"，本义是一条河流的名字，源于东莱郡曲城县的阳丘山，向南流入大海。我们现在常用"治"的引申义。"治"引申为管理、处理、整理，如治理、自治、统治等；"治"还表示惩办，如治罪、处治；也可指医疗，如治病、治疗、医治；"治"还用来表示研究，如治学。

【基本解释】

从小篆字形看，"沿"字左边是"水"，表示意义；右边是"㕣"，表示读音，其本义是溪水在山谷间顺流而下。现在由顺流之意引申为顺着、照着，有靠近的意思，如沿岸、沿途；也引申为因袭相传，如沿袭、沿用；"沿"还有边缘的意思，如边沿、河沿。

部首：氵，笔画：8。

六书：形声

笔顺：波波波波波波波波

部首：氵，笔画：8。

六书：形声

笔顺：注注注注注注注注

【字源演变】

小篆　　隶书　　楷体

【字源演变】

小篆　　隶书　　楷体

【说文解字】

水涌流也。从水皮声。

【说文解字】

灌也。从水主声。

【基本解释】

"波"字左边是"水"，右边是"皮"，表示读音。"皮"本指动物身体表层，转义为柔软、有弹性。"水"与"皮"合起来表示水的弹性表层；也有人说"皮"是"坡"的省略，表示缓缓凸出的山地。"波"表示在风的作用下水面凸起如坡。按照《说文解字》中的解释，"波"的本义是波浪，水自身涌动而成波动的水面。古人称在水面上滚涌的坡状水体叫"波"，称水波腾出水面后的形态叫"浪"。现在，我们仍然使用"波"的本义，如波浪、波涛、波光、波纹等。

【基本解释】

从小篆字形看，"注"左边是"水"，形旁；右边是"主"，表示读音，其本义是将液体从小孔灌入。汉字简化时"注"还合并了"註"字，"注"的本义是在文本中插入说明、标记。

我们现在经常用到"注"的本义，如注入、注射、大雨如注，这里的"注"是灌进去的意思；引申为动词，表示将精神、力量集中在一点，如注视、注意、注目；而"注解""注音"中的"注"则是说明、标记的意思，也用来表示登记、记载，如注册、注销等。

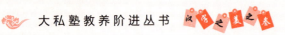

huó 活	部首：氵，笔画：9。
	六书：形声
	笔顺：活活活活活活活活活

pài 派	部首：氵，笔画：9。
	六书：会意
	笔顺：派派派派派派派派派

【字源演变】

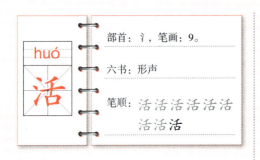

小篆　　隶书　　楷体

小篆　　隶书　　楷体

【说文解字】

水流聲。从水昏聲。

【说文解字】

別水也。从水从辰，辰亦聲。

【基本解释】

　　从小篆字形看，"活"字的左边是"水"，表示与水有关；右边是"昏"，表示读音，其本义是水流动的声音。在现代汉语里，引申为有生命的或形容一种活着的状态，与"死"相对，如活着、生活；也可以表示活动、灵活、不死板，如活力、活路、活生生。"活"还有逼真的、真正、简直的意思，如活灵活现。有时候"活"还用来指工作或者产品，如粗活儿、重活儿、干活儿等，做名词用。

【基本解释】

　　"派"字右半部分最早的写法是 ，由"永"  反写而成，像不连续的、分叉的支流的形状，本义表示水的支流。后引申为分配、派遣、调派等，表示安排人去不同的岗位或地方。"派"也指立场、见解或作风，如党派、学派、乐观派等；或者说穿着有派头，指很有风度。"派"做量词也可以指不同的派别，如两派斗争；或用于景色、气象、声音、语言等（前面用"一"字），如一派胡言、一派新景象。"派"还用在一些音译词里，只表示读音，如特指一种新式的带馅儿点心，如苹果派、巧克力派等。

部首：氵，笔画：9。

六书：形声

笔顺：测 测 测 测 测 测 测 测 测

部首：氵，笔画：9。

六书：形声

笔顺：济 济 济 济 济 济 济 济 济

【字源演变】

小篆　　隶书　　楷体

【说文解字】

深所至也。从水则聲。

【基本解释】

从小篆字形看，"测"字的左边是"水"，表示与水有关；右边是"则"，表示读音。"测"由"水"和"则"组成，表示对水进行区划，所以"测"的本义是检查水深所达到的程度，后引申为利用仪器来度量，如测绘、测量、测算、观测。"测"还引申为检验，如测试、测验等。此外，"测"也表示料想、推想，如推测、变化莫测。

【字源演变】

小篆　　隶书　　楷体

【说文解字】

水。出常山房子赞皇山，東入泜。从水齊聲。

【基本解释】

从小篆字形看，"济"字的左边是"水"，表示形旁；右边是"齐"，表示读音。本义专指山东境内的一条河流：济水，它源于常山郡房子县的赞皇山，向东流入泜河，现在为黄河下游，此河流已消失，但相关地名很多，如济阳、济南、济宁等。

后来"济"引申为过河、渡过的意思，且沿用至今，如同舟共济，由此义还引申出救、救济（对事情）有益的含义，如接济、无济于事等，以上用法均读作jì。"济"也常常形容人多，如人才济济，济济一堂等。这些用法读音为jǐ。

nóng 浓	部首：氵，笔画：9。
	六书：形声
	笔顺：浓浓浓浓浓浓浓浓浓

xiāo 消	部首：氵，笔画：10。
	六书：形声
	笔顺：消消消消消消消消消消

【字源演变】

小篆　　隶书　　楷体

【说文解字】

露多也。从水農聲。《詩》曰："零露濃濃。"

【基本解释】

"浓"，左边是"水"，表示与水有关；右边是"農"，表示读音，本义是清晨的山地露多雾大，后引申为液体或气体中所含的某种成分多或稠密，跟"淡"相对，如浓眉大眼、浓墨重彩、浓情蜜意等；也形容程度深，如浓度大、兴趣很浓厚、睡意正浓等。

【字源演变】

小篆　　隶书　　楷体

【说文解字】

盡也。从水肖聲。

【基本解释】

"消"字从小篆字形看，左边为"氵"，指水流；右边为"肖"，表示变小、变细直到消失，也表示读音。"水"与"肖"合起来表示水流变小、变细直到没有。我们现在多用"消"的引申义，"消"的引申义比较多，表示溶化、散失，如烟消云散、消失等；表示灭掉、除去，如消除、消毒等；表示把时间度过去，如消夏、消遣。"消"还可以当需要讲，如不消说（不需要说）。此外，"消"也是中医学病名，如消渴。

部首：氵，笔画：11。

六书：形声

笔顺：液液液液液液液液液液液

部首：氵，笔画：11。

六书：形声

笔顺：深深深深深深深深深

【字源演变】

小篆　隶书　楷体

【说文解字】

盡也。从水夜聲。

【基本解释】

从小篆字形看，"液"字的左边是"水"，是形旁；右边是"夜"，表示读音，其本义是用毛刷清洗器皿的内壁，后来引申为液体，指一种能流动、有一定体积而没有一定形状的物质，如汁液、血液、溶液等。

【字源演变】

金文　小篆　隶书　楷体

【说文解字】

水。出桂陽南平，西入營道。从水罙聲。

【基本解释】

从金文字形看，"深"字的右面是"罙"，表示读音；左面是"水"，做形旁，其本义是古代一条河的名字，起源于桂阳南平，向西流入营道，后引申为在空间上指从水面到水底的距离大，与"浅"相对，如深层、深山等。"深"还可以指从表面到底层的距离，如深度、深浅。从时间上讲，"深"指时间久，如深夜、深秋；除此之外，"深"也可以用于颜色浓、思想不外露或研究上的突破等，表示程度高，或前进一步，如深色、深沉、深思、深刻等。

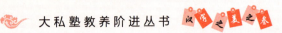

部首：氵，笔画：11。

六书：形声

笔顺：混混混混混混混混混混混

部首：氵，笔画：11。

六书：形声

笔顺：清清清清清清清清清清清

【字源演变】

小篆　　隶书　　楷体

【说文解字】

豐流也。从水昆聲。

【基本解释】

　　"混"，左边是"水"，表示与水有关；右边是"昆"，表示读音。"混"的本义是多条溪水汇流在一起。

　　在现代汉语里，"混"是个多音字：读hùn时，字义由河流的汇合引申为掺杂在一起，如混杂、混合、混为一谈；因为混在一起，又引申为胡乱、乱，如混乱。"混"还用来表示蒙、充、苟且度过，如蒙混、混进、鱼目混珠。

　　读hún时，指浑浊、糊涂的意思，与"浑"意思相同，例如混（浑）水摸鱼、混（浑）蛋、混（浑）球。

【字源演变】

小篆　　隶书　　楷体

【说文解字】

朖也。澂水之皃。从水青聲。

【基本解释】

　　从小篆字形看，"清"字的左边是"水"，表示与水有关；右边是"青"，有人认为"青"是"倩"的意思，表示美丽、漂亮，这里也表示读音。所以"清"的本义是水无杂滓，明丽澄澈，非常纯净。后来引申为液体或气体纯净而没有杂质，与"浊"相对，如清水、清凉；又指其他事物没有杂质，如清唱、清茶等；由"清"也引申指环境安静、心境平和、事理明晰、品格高尚、天下太平等，如冷清、清净、清楚、清高等；"清"还可以用于彻底地整理、详细登记、公正清廉等含义，如清理、清仓、清单等。

部首：氵，笔画：11。

六书：形声

笔顺：渐渐渐渐渐渐渐渐渐渐**渐**

部首：氵，笔画：12。

六书：形声

笔顺：游游游游游游游游游游游**游**

【字源演变】

小篆　　隶书　　楷体

【字源演变】

金文　　小篆　　隶书　　楷体

【说文解字】

水。出丹陽黟南蠻中，東入海。从水斬聲。

【说文解字】

旌旗之流也。从㫃汓聲。

【基本解释】

"渐"，本义专指一条河的名字，叫渐江水，就是现在安徽、浙江境内的新安江及其下游的钱塘江。古时候这条河源出丹阳黟南蛮中，向东流入东海。这条河水流不急，因此，由水流缓慢，"渐"字引申为慢慢地、一点一点地，如逐渐、渐渐等，"防微杜渐"表示在错误或坏事刚萌发时，就及时加以制止，不让其发展。

【基本解释】

"游"字采用"𣃚"做偏旁，表示旗子；"汓"表示读音，从金文中可以看到这个字的动感，本指战争时候旗子末端的随风摇摆的穗子。

"游"可以解释为人或动物在水里行动，如游泳、游动；还可理解为不固定，如游资、游牧、游学、游子；也可以解释为河流的一段，如上游、中游；以及从容地行走，如游历、周游、游山玩水等。

部首：氵，笔画：12。

六书：形声

笔顺：滑滑滑滑滑滑滑滑滑滑滑滑

部首：氵，笔画：13。

六书：形声

笔顺：溶溶溶溶溶溶溶溶溶溶溶溶溶

【字源演变】

金文　小篆　隶书　楷体

【说文解字】

利也。从水骨聲。

【基本解释】

　　从金文字形看，"滑"字由"水"和"骨"组成。"水"，这里是油脂的意思，"骨"指骨制利器，也表示读音。两部分合起来表示古人用骨具劳动时在骨具上涂抹油脂，以减少阻力，增其锐利。

　　现代汉语里保留了本义，表示光滑、不粗涩，如滑溜、滑润。"滑"还表示在物体表面上溜动，如滑冰、滑雪、滑翔、滑梯。"滑"又引申用来表示狡诈、不诚实，如滑头。

【字源演变】

小篆　隶书　楷体

【说文解字】

水盛也。从水容聲。

【基本解释】

　　"溶"字的左边是"水"，右边是"容"，表示读音。"溶"字的本义是水装载器皿中，后又引申为固体分解在液体中，像冰雪等化为水，或在液体中化开，常在专业名词中出现，如溶解、溶液、溶洞、溶剂等。当组词为"溶溶"时，常用于书面语中，如月色溶溶。

部首：氵，笔画：13。

六书：形声

笔顺：满满满满满满满满满满满满满

部首：氵，笔画：14。

六书：形声

笔顺：演演演演演演演演演演演演演演

【字源演变】

小篆　　隶书　　楷体

【说文解字】

盈溢也。从水芇声。

【基本解释】

"满"，从小篆字形看，左边是"水"，表示与水有关；右边是"芇"，表示读音。本义为容器里的液体达到容器的容量而往外溢出，后引申为表示全部充实，没有余地，如充满、满足、美满、满身、满载而归等；在时间上指达到一定的期限，如假期已满、满月。"满"也用来表示心理上的满足，或用于贬义的骄傲，如满意、心满意足、自满、志得意满。"满"也代表我国的一个少数民族满族，主要分布于辽宁、黑龙江、吉林、河北等省和北京市、内蒙古自治区，如满文、满汉全席。

【字源演变】

小篆　　隶书　　楷体

【说文解字】

长流也。一曰水名。从水寅声。

【基本解释】

"演"，本义是水长流，引申为不断变化，如演化、演进、演变；也有根据事理推广发挥之意，如推演、演讲、演义，都强调立足基础，展开推理变化的过程；还指依照程式练习的意思，如演练、演算、演习。"演"也是一种表演的技艺，通过扮演角色把技艺当众表现出来，如表演、演奏、主演、演戏等。

部首：氵，笔画：16。

六书：形声

jī

激

笔顺：激激激激激激激激激激激激激激激激

部首：氵，笔画：10。

六书：会意

liú

流

笔顺：流流流流流流流流流流

【字源演变】

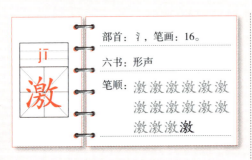

小篆　　隶书　　楷体

【字源演变】

金文　　小篆　　隶书　　楷体

【说文解字】

水礙衺疾波也。从水敫声。一曰半遮也。

【说文解字】

水行也。

【基本解释】

从小篆字形看，"激"字左边是"水"，表示与水有关；右边是"敫"，表示读音。"激"的本义是水流受阻后急速腾溅的水波。急流撞击水道中的岩石而急剧飞溅，有时水因受到阻碍或震荡而向上涌。现代汉语中，本义还在沿用，如冲激、激荡。

"激"字后来引申为冷水突然刺激身体使得病，如他被雨水激着了；或者用冷水突然浇淋或冲、泡食物，例如激酸菜；还指感情冲动、激动等，如激怒、激愤、感激、激励等。"激"也常常组成专有名词，如激光、激素，含有刺激的、强烈的意思。

【基本解释】

"流"，篆文简化字形，采用"水"，做偏旁，指水的流动。"流"由水的流动引申为液体的移动，如流水、流汗、流血、汗流浃背、随波逐流等；"流"还引申为像水那样流动不定，如流通、流浪、流失、流露等。"流"还指江河的流水和像水流的东西，如河流、暖流、气流、电流等；"流"还可以指传播，如流言、流行、流传。孔子曾说过"逝者如斯夫，不舍昼夜"，用流水昼夜不停的流淌，比喻光阴似箭，告诫人们要抓住时间，珍惜时间，做有意义的事情。

部首：厂，笔画：2。

六书：象形

笔顺：厂 厂

部首：厂，笔画：4。

六书：形声

笔顺：历 历 历 历

【字源演变】

【字源演变】

【说文解字】

山石之厓巖，人可居。

【说文解字】

歷，過也。从止厤聲。

曆，厤象也。从日，厤聲。《史记》通用歷。

【基本解释】

"厂"的甲骨文字形像高悬的石崖，崖下可住人，所以其义是崖面凸出、崖底可供人居住的石崖。后来"厂"的悬崖本义消失后，篆文再加"圭"另造"厓"代替，后又加上山字头，成了"崖"字。最初，"厂"读 hǎn，也写作"厈"，指用以操练干戈的练兵场，"厂"指空出一面或两面墙体的开放式建筑，"干"指木制武器。

"廠"指人们劳作的宽敞开放建筑，民间常简写为"厂"。汉字简化时，用"厂"合并了"厈"和"廠"，合并之后，读 chǎng。现在"厂"引申为生产制作商品存放货物的地方，如工厂、钢铁厂。

【基本解释】

"历"的本字是"歷"，本义是经过。甲骨文字形像一只脚在林中走过，小篆字形变两个"木"为两个"禾"，并加厂表示山崖，后来又分化出"曆"字。曆表示历象。汉字简化时，统一简化为"历"。

现在，"历"还保留了本义，如阅历、来历，"历"还引申为表示经过了的，如历史。"历"还引申为表示推算年、月、日和节气的方法，如历法、阴历，也指记录年、月、日和节气的书、表等，如日历等。

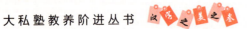
yà / yā	部首：厂，笔画：6。
压	六书：形声
	笔顺：压压压压压压

hòu	部首：厂，笔画：9。
厚	六书：会意
	笔顺：厚厚厚厚厚厚厚厚厚

【字源演变】

【字源演变】

【说文解字】

坏也。一曰塞補。从土厭聲。

【说文解字】

山陵之厚也。从𨈫从厂。

【基本解释】

　　"压"是"壓"的简化字，从小篆字形看，上面是"厭"，表示读音；下面是"土"，指墙体。本义是房屋崩坏垮塌，墙体重重地堆在物体之上。

　　在现代汉语里，"压"是多音字，读 yā 时，表示从上面加力，使控制住，如压住、泰山压顶；还引申为用威力制服，如镇压、压迫；也指逼近的意思，如大兵压境。另外，还有搁置、堆积的意思，如积压。读 yà 时，组成"压根儿"，多用于口语，意为根本、从来。

【基本解释】

　　"厚"是个会意字。《说文解字》中说"厚"是山陵崇高的意思。现在"厚"不再指山高、岩石多、地壳厚，而是引申为表示物体两个面之间的距离，如厚度；也表示两个面之间的距离比较大，与"薄"相对，如厚纸、又厚又重、丰厚；后又引申为对人好，不刻薄，如宽厚、敦厚。

部首：广，笔画：3。

六书：象形

笔顺：广 广 广

部首：广，笔画：6。

六书：会意

笔顺：庆 庆 庆 庆 庆 庆

〖字源演变〗

小篆　　隶书　　楷体

〖说文解字〗

广，因广爲屋，象對刺高屋之形。凡广之屬皆从广。讀若儼然之儼。

廣，殿之大屋也。

〖基本解释〗

现在的"广"在古代指两个字："广"和"廣"，两个字本来不同义，汉字简化的时候，用"广"合并了字形复杂的"廣"。

"广"，本读 yǎn，甲骨文和金文的写法像屋墙屋顶，本义是依山崖建造的宽大的房屋。而"廣"由"广"和"黄"组成，"广"表示房屋，"黄"表示读音。"廣"的本义是殿中有柱子没有墙壁的大屋，现在"广"字引申为面积宽阔的意思，如宽广、广义、广漠。"广"还引申为扩大、扩充，如推广、广而告之。"大庭广众"中的"广"是多的意思。

〖字源演变〗

甲骨文　小篆　　隶书　　楷体

〖说文解字〗

行賀人也。从心从夂。吉禮以鹿皮爲贊，故从鹿省。

〖基本解释〗

从甲骨文字形看，"庆"字中间有个"心"，表示心情诚恳；右边是一张鹿皮。古时候，好的礼物要用鹿皮包装。小篆字形上面是"鹿"字省略一部分；中间是"心"字，表心意；下边是"夂"表示往、行走，所以"庆"本义是带着鹿皮包装的礼物前往向他人祝贺，后引申为祝贺，如庆贺、庆功等；也可以理解为值得庆祝的纪念日，如国庆、校庆。在现代汉语"庆贺"一词中，"庆"与"贺"近义，但在甲骨文字形中有所区别："庆"强调赠送礼物，来纪念主人好事；"贺"强调送礼的同时，现场说好话恭维主人。

yuán	部首：厂，笔画：10。
原	六书：会意
	笔顺：原原原原原原原原原原

【字源演变】

金文　小篆　隶书　楷体

【说文解字】

水泉本也。从灥出厂下。

【基本解释】

从小篆字形看，"原"字像泉水从山崖里涌出来，本义是水流出的地方，即水源，现在引申为最初的、开始的，如原本、原籍、原理、原始、原著等；也可解释为本来，如物归原主、原址、原样等；还指谅解、宽容，如原谅；此外，也指宽广平坦的地方，如原野、平原。

"原"也是古代中国地名。夏商周时期，夏帝王少康迁都于原，就是原城，也称原国。

jīng	部首：厂，笔画：8。
京	六书：象形
	笔顺：京京京京京京京京

【字源演变】

甲骨文　金文　小篆　隶书　楷体

【说文解字】

人所爲絕高丘也。从高省，丨象高形。凡京之属皆从京。

【基本解释】

早在甲骨文时期，"京"字就已出现。看字形，"京"字与"高"字很像，都是高台、尖顶的建筑物，应该是古代在都城、关隘，人工筑起的、用于瞭望、预警的高高的塔楼。看上去，"京"要比"高"简易一些，所以"京"的本义是指多柱、无墙的，人工筑起的高土台。到篆文时，尖顶与亭阁部分分离，写成"京"，隶变之后下面的三根柱子写成"小"。

现代汉语中，"京"的本义已经基本上消失了，更多是引申为都城、城邑的意思，如京城、京都。现在大多指北京，如京腔京韵、京味儿。

部首：广，笔画：7。

六书：形声

笔顺：序序序序序序序

部首：广，笔画：7。

六书：形声

笔顺：应应应应应应应

【字源演变】

小篆　　隶书　　楷体

【说文解字】

東西牆也。从广予聲。

【基本解释】

　　"序"，从小篆字形看，上面是"厂"，表示开放型的建筑；下面是"予"，表示读音，其本义指堂屋前的东西两侧围墙，后引申为次第或排列的先后，如顺序、秩序、程序、序列；也指开头的，在正式内容之前的意思，如序言、序曲；"序"还指古代地方办的学校，如庠序。

【字源演变】

小篆　　隶书　　楷体

【说文解字】

當也。从心雁聲。

【基本解释】

　　从小篆字形看，"应"字的下面是"心"，强调内心的共鸣；上面是"雁"，表示读音，其本义是应该、应当的意思。在现代汉语里，应有两个读音：读 yīng 时，指本义，后假借为允许、承诺，引申为料想理该如此，如应有尽有；由此引申为答应、应承等。读 yìng 时，引申为做出反响，如呼应、反应；还有接受、适合、对待的意思，如应聘、适应、应酬。

dǐ 底	部首：广，笔画：8。
	六书：形声
	笔顺：底底底底底底底底

duó dù 度	部首：广，笔画：9。
	六书：形声
	笔顺：度度度度度度度度度

【字源演变】

小篆　　隶书　　楷体

【字源演变】

小篆　　隶书　　楷体

【说文解字】

山居也。一曰下也。从广氏声。

【说文解字】

法制也。从又，庶省声。

【基本解释】

从小篆字形看，"底"上面是"广"，表示房屋；下面是"氏"，字形像手抵地面。"底"的本义是停在居住的地方，还有一种说法是物体的最下部，后来引申为根基、基础、物体下面的部分，如底层、海底、刨根问底；"底"还有末了的意思，如年底、月底；有时候也用来指图案的基层，如底色、打底等。

【基本解释】

从小篆的字形看，"度"字上部是"庶"，既是声旁也是形旁，表示石块；下部是"又"，表示手，有抓住的意思。"度"的本义是测量、评估石料，读duó。引申为衡量、计算推测，如揣度、忖度。

《说文解字》里说"度"是法治依据的意思，读dù；现在指法则，应遵行的标准，如制度、法度；还引申为依照计算的一定标准划分的单位，如湿度、浓度、刻度、尺度、角度、一度电；此外，"度"也表示能容受的量以及所能达到的境界，如气度、程度、高度、风度。

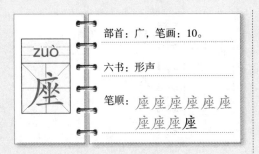

部首：广，笔画：10。

六书：形声

笔顺：座座座座座座座座座座

部首：囗，笔画：7。

六书：形声

笔顺：府府府府府府府

〖字源演变〗

小篆　　隶书　　楷体

〖字源演变〗

金文　　小篆　　隶书　　楷体

〖说文解字〗

牀座也。

〖说文解字〗

文书藏也。从广付聲。

〖基本解释〗

　　"座"是"坐"的后起字，本义是座位，供人坐的地方。我们现在也常用"座"的本义，如入座、座谈、在座等。"座"引申表示托着器物的东西，如底座儿；"座"还用来表示星空的区域，指一群星，如星座、猎户座等。"座"还可以当量词用，多用于较大或固定的物体，如一座山。

　　在民国时期，"座"是敬辞，取宝座之意，是下级对直属上级的尊称，如军长可称为"军座"，师长可称为"师座"，局长可称为"局座"，等等。

〖基本解释〗

　　"府"，从金文字形看，上部是个人表示屋顶，代指房屋；下面是"𠃌"，像两只手，表示交接；最下面是"贝"，表示财宝，"府"字的本义是官方藏放财宝的建筑。篆文省去"贝"，将人写成"广"，明确建筑主题。官方存金储银的建筑为"府"，存放炮车、军用物资的建筑为"库"。现代汉语仍保留了"府"字的本义，如府库、府藏。也引申为国家机关、封建贵族和官僚的住宅，同时还泛指一般人的住宅，如官府、政府、府邸。

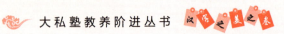

níng nìng 宁	部首：宀，笔画：5。
	六书：象形
	笔顺：宁宁宁宁宁

shǒu 守	部首：宀，笔画：6。
	六书：会意
	笔顺：守守守守守守

【字源演变】

甲骨文　金文　小篆　隶书　楷体

甲骨文　金文　小篆　隶书　楷体

【字源演变】

金文　小篆　隶书　楷体

【说文解字】

宁，辨积物也。象形。凡宁之属皆从宁。

寍，愿词也。从丂寍聲。

【基本解释】

　　"宁"的甲骨文字形像中空可以贮藏器物的东西，屉中一点指事符号，表示藏在抽屉中的贵重物品，本义是存放玉贝等贵重物品的抽屉。后来本义消失，加"贝"另造"贮"代替。

　　"寍"本义是表示意愿、选择的语气词。中间加"心"，更强调心性上的安定，如宁静、坐卧不宁等。

　　"宁"和"寍"本来是不同的两个字，汉字简化时，合并为"宁"。现代汉语里，"宁"是多音字：读níng时，表示平安、安定，如安宁、宁静；读nìng时，如宁可、宁愿。

【说文解字】

守官也。从宀从寸。寺府之事者。从寸。寸，法度也。

【基本解释】

　　从金文字形看，"守"字上面是"宀"，表示房屋、官府；下面是"寸"，表示法度，其本义是指官吏的操行、节操。现代汉语里保留了"守"的本义，如操守；还引申为护卫、防止侵犯，如守城、守门；后引申为看护、保持、遵循等义，如守护、遵守、守时、守岁、守株待兔、留守等。"守"在古代还指官名，如太守。

部首：宀，笔画：7。

六书：形声

笔顺：完完完完完完完

部首：宀，笔画：8。

六书：会意

笔顺：定定定定定定定定

〖字源演变〗

小篆　　隶书　　楷体

〖字源演变〗

小篆　　隶书　　楷体

〖说文解字〗

全也。从宀元聲。古文以爲寬字。

〖说文解字〗

安也。从宀从正。

〖基本解释〗

从小篆字形看，"完"字的上部是"宀"，表示房屋；里面是"元"，表示读音。"完"的本义最初指修缮房屋使其完好，后来就专指保全、完好了。"完"又引申为整个的、齐备的、没有受损的，如完全、完璧归赵、完善。"完"也表示成全、实现、达到目的、结束的意思，如完成、完毕、完工等。此外，"完"还当尽、无的意思用，如用完了、没完没了。

〖基本解释〗

"定"，从小篆字形看，上面是"宀"，表示房屋；下面是"足"，表示行走。从字形看，像站在房子里不再走出去。远古时候，男子为了觅食和战争，总是常常外出远行奔波，不能在房子里安稳地生活。所以"定"的本义是结束征战，安居度日，安稳的意思。由此，"定"引申为不动的、不变的，如定额、定律、鉴定、决定；"定"也有预先约定的意思，如定货、定做。有时候还用来指情绪上的安静，如心神不定。

yí 宜	部首：宀，笔画：8。
	六书：会意
	笔顺：宜宜宜宜宜宜宜宜

shí 实	部首：宀，笔画：8。
	六书：会意
	笔顺：实实实实实实实实

【字源演变】

【字源演变】

【说文解字】

所安也。从宀之下，一之上，多省聲。

【说文解字】

富也。从宀从貫。貫，貨貝也。

【基本解释】

从甲骨文字形看，"宜"字中"且"为祭祖之意。一个空间被存放有肉（月代表肉），金文和小篆字形更加清晰地看到，上下两层各有一个"月"字，评分肉食的本义一目了然。有食物储备才能安居，所以"宜"字的本义是安居的地方，后来引申为合适、适当，如适宜、气候宜人、因地制宜；现代汉语中"宜"还表示"应该"之意，多用于否定句，如事不宜迟。

【基本解释】

从金文字形看，"实"字的上面是"宀"，表示房屋；下面是个"贯"字，像用细绳系在一起的"贝"，"贝"在古代是钱币的意思。整个字像一座大房子里面装满了钱，所以"实"的本义是财物粮食充足、钱财万贯、非常富有的意思。现代汉语还沿用着"实"的本义，表示富足，如殷实；同时"实"也引申为充满的、真实的意思，如实心、充实、实事求是等，"实"也指植物结的果，如果实、春华秋实。

部首：宀，笔画：8。

六书：会意

笔顺：审审审审审审审审

部首：宀，笔画：9。

六书：形声

笔顺：客客客客客客客客客

【字源演变】

金文　小篆　隶书　楷体

【字源演变】

金文　小篆　隶书　楷体

【说文解字】

悉也。知宷谛也。从宀从釆。

【说文解字】

寄也。从宀各声。

【基本解释】

　　"审"字的本字是"宷"，上边是"宀"，指房屋；下边是"番"，指兽足。从金文、小篆的字形看，"审"字表示屋里有野兽的脚印。所以其本义是房屋内有野兽脚印，需要仔细分辨，深入了解，后引申为详细周密地考察，如审视、审慎；也指反复思考、分析等，如审察、审美、评审；"审"也专用于对案情的询问和评判，如审理、审判、审讯。

【基本解释】

　　客，从金文字形看，上面是"宀"，表示居住；下面是"各"，表示到另外的地方，即进入他乡，也表示读音。本义是寄居他人家里，旅居他乡。现在"客"还引申为外来的人，与"主"相对，如客人、宾客、不速之客、客气；还指外出或寄居，迁居外地的（人），如旅客、客居；也指服务行业的服务对象，如顾客、乘客、客流量；"客"还可当量词用，用于论份儿出售的食品、饮料，如一客冰淇淋。

部首：宀，笔画：9。

六书：形声

笔顺：宣宣宣宣宣宣宣宣宣

部首：宀，笔画：9。

六书：会意

笔顺：室室室室室室室室室

【字源演变】

甲骨文　金文　小篆　隶书　楷体

【字源演变】

甲骨文　金文　小篆　隶书　楷体

【说文解字】

天子宣室也。从宀，亘聲。

【说文解字】

實也。从宀从至。至，所止也。

【基本解释】

"宣"，从小篆字形看，上面是"宀"，表示大房子；下面是"亘"，表示读音。本义指天子发话的大殿。后来引申为公开说出、散布，如宣传、宣言；还引申为疏导，如宣泄。

"宣纸"的"宣"是地名，宣纸是中国传统的古典书画用纸，原产于安徽省宣城泾县。由于宣纸有易于保存、经久不脆、不会褪色等特点，故有"纸寿千年"之誉。按加工方法分类，宣纸一般可分为生宣、熟宣、半熟宣三种。

【基本解释】

从甲骨文字形看，"室"字上面是"宀"，表示房屋；下面是"至"，表示倒卧、躺下。"室"的本义是夫妻的卧房，即内室，妻子住的房间。在古代，妻子住的屋子叫"室"，妾住的屋子叫"房"。现代汉语里，保留了"室"的本义，表示夫妻睡觉的房间，并引申为屋子，如卧室、居室、会客室、温室；"室"也引申为家、家族的意思，如皇室；也指机关团体内部的工作单位，如档案室、资料室等。

部首：宀，笔画：9。

六书：形声

笔顺：宪宪宪宪宪宪宪宪宪

部首：宀，笔画：10。

六书：形声

笔顺：害害害害害害害害害害

【字源演变】

小篆　隶书　楷体

【字源演变】

金文　小篆　隶书　楷体

【说文解字】

敏也。从心从目，害省聲。

【说文解字】

傷也。从宀从口。宀、口，言从家起也。丰聲。

【基本解释】

小篆字形看，"宪"字上面是网罩，表示抓捕、关押，表示读音；下面是"心"和"目"，表示心和眼睛同时使用，限制个人偏见和私欲。本义是敏感。现在我们常用"宪"的引申义，指法令，如宪章、宪令、宪兵；也专指宪法，如违宪、立宪。

【基本解释】

"害"是"割"的本字。从金文字形看，在舌形中间加一横指事符号，表示割断舌头，强调"割断"。所以"害"的本义是切割、受伤。古人为了消灭口供或证词，会抓捕并割去当事人舌头。当"害"的切割本义消失后，金文再加"刀"另造"割"代替。后来"害"引申为使受损伤、杀死之意，如害人、伤害、危害；也当名词用，指引起灾难的人或事物、坏处，如害处、灾害。"害"还指有损的，与"益"相对，如害虫、害鸟。

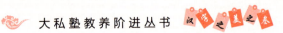
	部首：宀，笔画：10。
	六书：形声
	笔顺：容容容容容容容容容容

	部首：宀，笔画：10。
	六书：形声
	笔顺：宽宽宽宽宽宽宽宽宽宽

【字源演变】

小篆　　隶书　　楷体

【字源演变】

小篆　　隶书　　楷体

【说文解字】

盛也。从宀、谷。

【说文解字】

屋宽大也。从宀莧聲。

【基本解释】

从小篆字形看，"容"字上面是"宀"，指房屋；下面是"谷"，是空虚的山洼，有盛受的意思，本义是容纳、装、盛的意思，现在引申为包含，如容量、无地自容，在心理层面上，"容"指对其他人或事的忍耐程度，一般指对人度量大，如容忍、宽容；"容"也指人的相貌、仪表、景象、装态，如容貌、容光焕发、市容、阵容等。

【基本解释】

"宽"的本义是表示屋子的面积或者容积大。从字形看，上面是"宀"，表示与房屋有关；下面是"莧"，表示读音。"宽"一般指横的距离大，范围广，与"窄"相对，如宽广、宽阔等。"宽"还表示横的距离、宽窄的程度。也引申为让人放松、变得松缓，如宽心、宽限。此外，"宽"还用来表示不苛求、不严厉，比如宽容、宽松、宽厚等。有时候"宽"也用来指富裕。

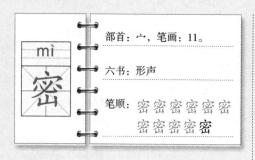

	部首：宀，笔画：11。
mì 密	六书：形声
	笔顺：密密密密密密密密密密密

【字源演变】

金文　小篆　隶书　楷体

【说文解字】

山如堂者。从山宓聲。

【基本解释】

　　"密"，从字形看，下面是"山"，上面是"宓"，表示读音，其义为形状像堂屋的山，引申为距离近、空隙小，跟"稀""疏"相对，如茂密、稠密、紧密等，比喻在正式活动前积极准备可以说"紧锣密鼓"；也引申为关系近、感情好，如密友、亲密等；表示细致、精细的意思时，可以说细密、精密、密实；也有不公开的意思，如秘密、保密等。

	部首：宀，笔画：12。
fù 富	六书：形声
	笔顺：富富富富富富富富富富富富

【字源演变】

甲骨文　金文　小篆　隶书　楷体

【说文解字】

備也。一曰厚也。从宀畐聲。

【基本解释】

　　从甲骨文和金文的字形看，"富"上面是"宀"，表示房屋；下面是"酉"，表示酒坛。房子里面有酒，表示家境宽裕，有余粮酿酒。远古时代粮食匮乏，酒品稀少，家中有酒是生活宽裕的标志，所以，"富"的本义指家底比较厚实，所需皆备的意思。

　　现代汉语里仍保留了本义，表示财产多，如富有、富足、富裕、财富；还表示充裕、充足，如富余、富丽堂皇。

部首：宀，笔画：14。

六书：会意

笔顺：察察察察察察察察察察察察察察

部首：穴，笔画：9。

六书：会意

笔顺：突突突突突突突突突

【字源演变】

小篆　　　隶书　　　楷体

【字源演变】

小篆　　　隶书　　　楷体

【说文解字】

覆也。从宀、祭。

【说文解字】

犬从穴中暂出也。从犬在穴中。一曰滑也。

【基本解释】

"察"，从小篆字形看，上面是"宀"，表示房子；下面是"祭"。"祭"的甲骨文字形，左边是"月"，表示肉；右边是"又"，指手；中间像祭桌。整个字表示用手举着肉祭祀神灵。古人杀牲，一是为自己吃，再就是常把牲肉放在祭台上，用于祭祀，"祭"字就是有酒肉的祭祀，即牲祭。由"宀"和"祭"组成的"察"字，就是在一个房间里祭祀神灵。在古代，祭祀是一种非常重要而严肃的事情，需要反复的观察、审核。《说文解字》中说"察"的本义是屋檐向下覆盖，现在引申为仔细看、调查研究，如察看、考察、察言观色等。

【基本解释】

"突"，从小篆字形看，外面像一个茅舍狗洞，里面是一只狗，"突"的本义是狗从狗洞里突然窜出来，让人意外而来不及反应，强调的是让人猝不及防。《说文解字》中认为"突"还有滑的意思。

现在"突"的本义也经常使用，如突然、突变；并由突然引申为表示出其不意的冲击，如突围、突破；此外，"突"还指高出一个平面、高起，如突起、突出。"突"在现代汉语里没有滑的意思。

部首：穴，笔画：7。

六书：形声

笔顺：究究究究究究究

部首：宀，笔画：8。

六书：形声

笔顺：空空空空空空空空

【字源演变】

小篆　　隶书　　楷体

【字源演变】

金文　　小篆　　隶书　　楷体

【说文解字】

穷也。从穴九声。

【说文解字】

窍也。从穴，工聲。

【基本解释】

"究"，从小篆字形看，上面是"穴"，表示土屋子；下面是"九"，像伸出手掏摸。从整体字形看，像伸手在一间土屋子里掏摸，本义是穷尽。后来由手的掏摸、探索，引申为对未知事物的一种探索、寻求、追查，如研究、探究、讲究；"究"也含有极、到底的意思，如终究，究竟等，如"他很想问个究竟"，此句中"究竟"也有结果的意思；又如"他究竟想干什么呢"，这里的"究竟"是到底的意思。

【基本解释】

从金文字形看，"空"字是穴字头，表示洞；下面是"工"，指人工的、人造的，也表示读音。组合起来表示经过人工修建的可居住的洞穴，这也是"空"字的本义。在古文中，石窟为"穴"；居穴为"空"；大而深且有水之穴为"洞"。

"空"后来还引申为虚无的，不存在的，以及辽阔苍穹，白白地等多种意思，如空洞、空前绝后、真空、空口无凭、空气等，以上读音为kōng。

读kòng的时候，表示腾出来地方，如空出一个位子；也指闲着，没有被利用的，如空房、空地等；此外，"空"还有亏欠的意思，如亏空。

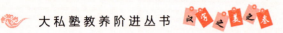

 ní 尼	部首：尸，笔画：5。 六书：形声 笔顺：尼尼尼尼尼

 jǐn jìn 尽	部首：尸，笔画：6。 六书：形声 笔顺：尽尽尽尽尽尽

【字源演变】

小篆　　隶书　　楷体

【字源演变】

金文　　小篆　　隶书　　楷体

【说文解字】

從後近之。从尸匕聲。

【说文解字】

器中空也。从皿聿聲。

【基本解释】

从小篆字形看，"尼"字的上面是"尸"，表示蹲着的人；下面是"匕"，表示读音，其本义是从后面接近，表示关系亲近。后来，"尼"的本义消失，转而由"昵"字代替。

在现代汉语里，"尼"指尼姑，即出家修行的女佛教徒。"尼"字也在外来语音译成汉语时使用，如尼古丁、尼日利亚、尼龙等。

【基本解释】

从甲骨文字形看，"尽"的上半部分像手持毛刷，下半部分是器皿，"尽"的本义为盛器内的东西被全部掏空，后引申为完毕，如取之不尽、用之不竭；也指达到极端，如尽头、尽情、自尽，代表最高的程度；"尽"还可以用于表示全部付出，如尽心尽力、仁至义尽。做副词，相当于都、全，如尽收眼底。上述意思的"尽"读jìn，"尽"还读jǐn，表示最大限度的，极、最，如尽南边、尽管，此音在口语中使用较多。

部首：尸，笔画：7。

六书：象形

笔顺：局局局局局局局

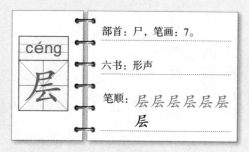

部首：尸，笔画：7。

六书：形声

笔顺：层层层层层层层

【字源演变】

小篆　　隶书　　楷体

【字源演变】

小篆　　隶书　　楷体

【说文解字】

促也。从口在尺下，复局之。一曰博，所以行棊。象形。

【说文解字】

重屋也。从尸曾聲。

【基本解释】

"局"，从小篆看，上半部分表示人，下半部分表次佝偻曲背，指人在促狭的房屋里不得不弯腰曲背，本义表示拘束、受限制，如局促、局限。也有另一种说法认为，"局"是用来下棋的棋盘，字形像棋盘的样子，如棋局。"局"最常用的意思之一是表示部分，如局部；也可以指机关及团体组织分工办事的单位或某些商店的名称，如教育局、书局；"局"也作为量词使用，下棋或其他比赛一次叫一局。

【基本解释】

"层"从小篆字形看，上面是"尸"，下面是"曾"。尸象房子的形状，"曾"有重复利用的、二手的含义。"尸（屋）""曾"合起来表示在旧屋基础上翻新改建而增高的，就像将旧平房改造加高而成的楼房一样，所以"层"的本义是上下重叠的房屋，引申为重叠、重复，如层峦叠嶂，形容重重叠叠的群山；"层"还可以表示重叠事物的一个部分，如层云、层叠。层也有重复的意思，如层出不穷，这些都是引申义。"层"也可以用做量词，如五层楼、一层薄膜。

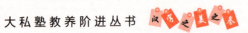

jū 居	部首：尸，笔画：8。
	六书：会意
	笔顺：居居居居居居居居

wū 屋	部首：尸，笔画：9。
	六书：会意
	笔顺：屋屋屋屋屋屋屋屋屋

【字源演变】

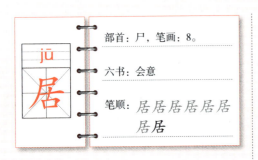

金文　小篆　隶书　楷体

【字源演变】

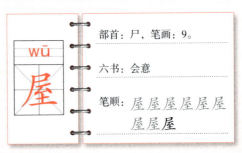

小篆　隶书　楷体

【说文解字】

蹲也。从尸古者，居从古。踞，俗居从足。

【说文解字】

居也。从尸。尸，所主也。一曰尸，象屋形。从至。至，所至止。室、屋皆从至。

【基本解释】

从金文字形看，"居"字上面是一个人蹲着，下面是一个头朝下的小孩儿，整体字形看起来像妇女生育子女，其本义是女人生育之后，在家休养生息。后来引申为住、住处，如居住、迁居、安居乐业等；也引申为站在、处于的含义，如居中、居高临下等；"居"与"心"连用，如居心叵测、居心不良，常含贬义；"居"的对象也可以指货物，如奇货可居。

【基本解释】

从"屋"的小篆字形看，上面是"尸"，表示房屋的主人；下面是"至"，表示劳作的人们停下休息的地方，其本义是人们居住的地方。古人称夫妻的卧房为"室"，称一般起居坐卧的房间为"屋"。在古代，帝王所乘车辆的车盖以黄缯为里，所以就把帝王所乘之车称为"黄屋"。现在"屋"引申为房子、房间，如房屋。

部首：尸，笔画：10。

六书：形声

笔顺：展展展展展展展展展展

部首：尸，笔画：12。

六书：形声

笔顺：属属属属属属属属属属属属

【字源演变】

小篆　　隶书　　楷体

【字源演变】

小篆　　隶书　　楷体

【说文解字】

轉也。从尸，㠯省聲。

【说文解字】

連也。从尾蜀聲。

【基本解释】

　　"展"，小篆字形上面是"尸"，表示与人体有关的动作，下面部分表示读音，本义是转身。后引申为张开、舒张开，如展开、展示、展望、愁眉不展等；还可以指陈列、摆放出来让人看，如展品、展销、展播等；此外，"展"还表示施行、发挥能力，如施展才华、一展宏图等。现代汉语我们多用"展"的引申义。

【基本解释】

　　从小篆字形看，"属"字上部是个尾巴的"尾"，下部是"蜀"，表示读音，"属"的本意是看头看尾、首尾相望、连在一起。

　　现代汉语中，"属"有归属、依附的意思，如同一家族的叫亲属；有管辖关系的，叫隶属、直属。在生物群分类系统上，"属"是其中的一个等级。"科"下有"属"，"属"下有"种"。中国人用十二生肖记年龄，这十二生肖又叫属相。属有两个读音：以上的几种字义，都读 shǔ，当古文中通假字，通"嘱"字时，读 zhǔ。

部首：至，笔画：6。

六书：象形

笔顺：至至至至至至

部首：土，笔画：6。

六书：形声

笔顺：场场场场场场

【字源演变】

甲骨文　金文　小篆　隶书　楷体

【字源演变】

小篆　　隶书　　楷体

【说文解字】

鳥飛从高下至地也。从一，一猶地也。象形。不，上去；而至，下來也。凡至之屬皆从至。

【说文解字】

祭神道也。一曰田不耕。一曰治穀田也。从土易聲。

【基本解释】

从甲骨文字形看，"至"的字形像一只鸟从天上头朝下落到地面。"一"像地面，上面像一只鸟的样子，所以"至"的本义是鸟从高处飞下来，表示到达，后来引申为极、最。这两个义项我们现在都常用，表示到达的，如至此、夏至、自始至终等；表示极、最的，如至少、至亲、至高无上、至理名言等。

【基本解释】

"场"字从小篆字形看，左边是"土"，右边是"易"，"易"表示读音。《说文解字》中说"场"的本义是祭神的方法。一种说法认为，"场"是闲置未耕的田地；还有一种说法认为，"场"表示农家翻晒谷物及脱粒的平坦空地，此时读 cháng，如场院。后来引申为处所以及举行仪式的空地等；或者比赛地、舞台，如场所、场地、捧场；"场"还可以当量词用，如一场雨、一场比赛，这时读 chǎng。

	部首：土，笔画：7。
jūn 均	六书：形声
	笔顺：均均均均均均 均

	部首：土，笔画：7。
kuài 块	六书：形声
	笔顺：块块块块块块 块

〖字源演变〗

金文　小篆　隶书　楷体

〖字源演变〗

小篆　隶书　楷体

〖说文解字〗

平徧也。从土从匀，匀亦聲。

〖说文解字〗

墣也。从土，一屈象形。

〖基本解释〗

从金文字形看，"均"字右边是"匀"，表示使齐平、使相等；左边是"土"，表示泥土。其本义是将整块的地面整平，后来引申为平等、调和，没有差距，如均衡、平均、势均力敌。

"均"还是汉代的计量单位，一均等于二千五百石。

〖基本解释〗

从小篆字形看，"块"字左边是"土"，表示与土有关；右边是"鬼"，表示读音。本字是"凷"，像土块装在筐里，字的本义正是土块，后来引申为成板结状的物体，如土块儿、泥块儿；"块"也引申为量词，如一块地、两块糖。现代汉语中，"块"还用来表示纸币的单位，比如一块钱，十块钱等等。在口语里，"块儿"也可以指人身材的高矮胖瘦，比如小朋友身材各异，有的块儿大，有的块儿小。

	部首：土，笔画：7。
	六书：会意
	笔顺：坚坚坚坚坚坚坚

【字源演变】

小篆　　隶书　　楷体

【说文解字】

刚也。从臤从土。

【基本解释】

"坚"，从小篆字形看，上面是"臤"，表示牢固掌控臣属（诸侯）；下面是"土"，指国土、国家版图，"臤"与"土"合起来表示国土如同一块铁板，本义指结实，牢不可破，后来引申为硬、坚固或是坚固的东西或阵地，如坚硬、坚冰、攻坚等；形容人的态度时，表示不动摇、不改变，如坚定、坚信等。

	部首：土，笔画：8。
	六书：形声
	笔顺：垂垂垂垂垂垂垂垂

【字源演变】

甲骨文　　小篆　　隶书　　楷体

【说文解字】

遠邊也。

【基本解释】

"垂"，小篆字形像枝条坠向地面，表示树枝因硕果累累而下坠。"垂"的本义是树枝坠向地面。在古代，"垂"的用法同"陲"，表示偏远的边疆。

现代汉语里保留了"垂"的本义，指东西一头挂下，如垂柳、垂钓、垂头丧气。后来引申为下坠、坠落、向下披挂，如垂首、垂帘听政、垂涎欲滴；"垂"还引申为接近、传留后世的意思，如生命垂危、永垂不朽。

部首：土，笔画：9。

六书：形声

笔顺：型型型型型型型型型

部首：土，笔画：9。

六书：形声

笔顺：城城城城城城城城城

【字源演变】

金文　　小篆　　隶书　　楷体

【说文解字】

铸器之法也。从土刑声。

【基本解释】

　　"型"由"刑"和"土"组成。"井"表示"井"状的模具，也表示读音。"型"的本义是泥制模具。篆文误将"廾"（执握）写成"刀"。隶化后楷书"型"又误将篆文的"井"写成"开"。

　　"型"可指铸造器物用的模子，如砂型；也指样式，如类型、新型、脸型等。铸造器物的模子原料不同，叫法也不同，用木头做的叫"模"，用竹子做的叫"范"，用泥做的叫"型"。

【字源演变】

金文　　小篆　　隶书　　楷体

【说文解字】

以盛民也。从土从成，成亦声。

【基本解释】

　　"城"是个形声字，由"土"和"成"构成。古时候的城多用土堆砌而成，所以偏旁为土，"成"表示读音，"城"的本义是指容纳万民的系列建筑群，在古代也有国家的意思，如城邦、中央之城。后来"城"引申为围绕都市的高墙，如城墙、城楼、城池等。一般内城墙叫"城"，外城墙叫"郭"，如李白的诗句"青山横北郭，白水绕东城"。现在，"城"指都市，就是人口密集、工业发达的地方，通常周围也是政治、文化的中心，如城镇、城市、城建等。

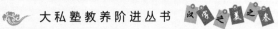
péi **培**	部首：土，笔画：11。
	六书：形声
	笔顺：培培培培培培 培培培培培

jī **基**	部首：土，笔画：11。
	六书：形声
	笔顺：基基基基基基 基基基基基

【字源演变】

【字源演变】

【说文解字】

培敦。土田山川也。从土咅聲。

【说文解字】

牆始也。从土其聲。

【基本解释】

"培"，从小篆字形看，左边是土，右边是"咅"，"咅"是"培"的省略，有伴随的意思，也表示读音。"培"的本义是培筑土墩，指在田里加土筑埂，或在河心堆填起小山。后来也指在植物根部填堆泥土，如培土、培种、培植等；后来引申为对人的培养、培育和培训，是针对人的能力的提升开展的活动。

【基本解释】

"基"，从甲骨文字形看，像一个装土的平口竹筐，所以本义是指用竹筐提土筑墙。金文加"兀"，像脚撑。古人称筑屋的墙脚为"基"，称铺垫房柱的石头为"础"。"基"字后来引申为建筑物的根脚、一切事物的基础、根本的、起始的东西，如路基、基层、基数等。

	部首：土，笔画：14。
jìng 境	六书：形声
	笔顺：境境境境境境境境境境境境境境

	部首：土，笔画：15。
zēng 增	六书：形声
	笔顺：增增增增增增增增增增增增增增增

【字源演变】

小篆　　隶书　　楷体

【字源演变】

小篆　　隶书　　楷体

【说文解字】

疆也。从土竟声。经典通用竟。

【说文解字】

益也。从土曾声。

【基本解释】

小篆字形中，"境"字左边是"土"，表示边疆；右边是"竟"，表示读音。"境"的本义表示国土的疆界，国境也是把本国和别国分离开来，保有本国的独立和主权的领土范围，如国境线、出境等；"境"也可指事物所达到的程度或表现的情况，如思想境界；当我们形容看一篇文章，欣赏一幅画之后的感受，总会说自己仿佛身临其境，真切地感觉到了那种场景，情怀，这时的"境"是指地方、处所的意思，如无人之境、佳境等；"境"也可指状况、地步，如家境、逆境、时过境迁等。

【基本解释】

"增"，从小篆字形看，左边是"土"，表示泥土；右边是"曾"，表示读音，从字形看，表示添加泥土，本义是增加。

现代汉语里沿用了本义，表示添加、使原有的变多或力量变大，与"减"相对，如增加、增长、增多、增援、增产等。

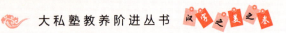

部首：阝，笔画：10。

六书：形声

笔顺：部部部部部部部部部部

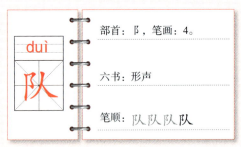

部首：阝，笔画：4。

六书：形声

笔顺：队队队队

【字源演变】

小篆　　隶书　　楷体

【字源演变】

小篆　　隶书　　楷体

【说文解字】

天水狄部。从邑音聲。

【说文解字】

從高隊也。从阜㒸聲。

【基本解释】

"部"，从小篆字形看，左边是"音"，表示读音；右边是"邑"，指城镇，表示与行政区域有关。本义是汉代的地名，大约在今天甘肃省天水一带，后来引申为将一个城邑分成几个小行政区，或者把一个单位再细分为若干小单位，如在百货公司内再细分食品部、服装部、家电部等若干平级的部门；"部"还指统属的关系，如部下、部属、部落。现代汉语中，"部"还可以做量词用，用于书籍、机器、电影等，如一部巨著、一部电影。

【基本解释】

"队"是"坠"的本字，甲骨文的"队"字是一个孩子从土山上坠落下来的险状。金文把人形改为动物形。《说文解字》中解释说"队"是从高处坠落的意思。所以"队"的本义是从高处掉下来。后来本义消失，另加土字造"坠"表示跌落之意，"队"字则引申为排得整齐的行列，如队列、队形；还指具有某种性质的集体，如队伍。有时候"队"也作为量词使用，如一队小学生。

部首：阝，笔画：6。

六书：形声

笔顺：防防防防防防

部首：阝，笔画：6。

六书：形声

笔顺：阶阶阶阶阶阶

【字源演变】

小篆　　　隶书　　　楷体

【说文解字】

隄也。从𨸏方聲。埅，防或从土。

【基本解释】

从小篆字形看，"防"字的左边是"阜"，表示高山；右边是"方"，表示人，也指国家，也表示读音。"防"的本义是堤墙，表示城邑的土木工程设施，一来可以抵御洪水，二来可以抵御外敌入侵。现在仍保留了"防"的本义，如以防治水。此外"防"还引申为守卫、戒备的意思，如防止、防备、防患未然、防微杜渐。

【字源演变】

小篆　　　隶书　　　楷体

【说文解字】

陛也。从𨸏皆聲。

【基本解释】

从小篆字形看，"阶"字的左边是"阜"，表示与地形地势的高低、上下有关；右边是"皆"，表示读音，同时"皆"字也有相同的意思，所以"阶"字的本义是指用大小相似的砖、石等砌成的高度相近的分层梯级山路，如台阶、石阶、阶梯等；根据梯级的形象描述，"阶"字又抽象地引申为等级，如阶层、官阶、音阶等，后来也指事物发展的段落，如阶段等。

	部首：阝，笔画：7。
zǔ	六书：形声
阻	笔顺：阻阻阻阻阻阻阻

	部首：阝，笔画：7。
ā ē	六书：形声
阿	笔顺：阿阿阿阿阿阿阿

【字源演变】

小篆　　隶书　　楷体

【字源演变】

金文　　小篆　　隶书　　楷体

【说文解字】

险也。从𨸏且声。

【说文解字】

大陵也。一曰曲阜也。

【基本解释】

从小篆字形看，"阻"的左边是"阜"，表示土山；右边是"且"，表示为凶多吉少的征程祈求平安，也表示读音。汉字简化时，把"阜""邑"都简化为"阝"，"阝"在左指阜，表示与地形地权有关，"阝"在右指邑，表示住地。所以"阻"的本义是指地形险要的地方，如阻碍、险阻；也指地形崎岖，道路难行，如道阻且长；又进一步引申为拦挡的意思，如劝阻、阻断等。

【基本解释】

"阿"的本义是巨大的山。从金文字形看，左边是"阜"，表示"土堆"；右边是"可"，表示读音。"阜"与"可"合起来，表示堆积起来的土山。《说文解字》中说，还有一种说法认为，"阿"是曲阜的意思。

现在"阿"是多音字，有两个读音：ā、ē。表示迎合别人、偏袒别人的时候，读ē，如阿谀奉承；在称呼前加上"阿"，往往带有一定的感情色彩，如阿姨、阿毛、阿婆等，这时候"阿"就读ā。

部首：阝，笔画：7。

六书：形声

笔顺：附附附附附附附

部首：阝，笔画：7。

六书：形声

笔顺：际际际际际际际

【字源演变】

小篆　　隶书　　楷体

【说文解字】

附，附娄，小土山也。从阜，付聲。《春秋傳》曰："附娄無松栢。"

【基本解释】

从小篆字形看，"附"的左边是"阜"，表示小土山；右边是"付"，表示读音，楷书将篆文的"阜"写成"左耳旁"，"附"的本义是小土山。后来，"附"引申为依从、依靠，如依附、归附、趋炎附势；还引申为连带的、从属的，如附件、附带、附属品；有时候"附"也表示靠近，如附近；发表意见表示同意、不反对，可以说随声附和。

【字源演变】

小篆　　隶书　　楷体

【说文解字】

壁會也。从阜，祭聲。

【基本解释】

从小篆字形看，"际"字左边是"阜"，表示石阶山路；右边"祭"表示读音，其本义指岩壁交接的地带。"际"后来引申指两墙接触的缝，或靠边的、交界的地方，如无边无际、春夏之际。当含中间、里边的意思时有胸际、脑际等；或指彼此之间，如国际等；也用于表示汇合、遇合，如遭际、际遇。

liù	部首：阝，笔画：7。
lù	六书：会意
陆	笔顺：陆陆陆陆陆陆陆

xiàn	部首：阝，笔画：8。
限	六书：形声
	笔顺：限限限限限限限限

【字源演变】

小篆　　隶书　　楷体

【字源演变】

金文　　小篆　　隶书　　楷体

【说文解字】

高平地。从𨸏从坴，坴亦聲。

【说文解字】

阻也。一曰門橛。从𨸏，艮聲。

【基本解释】

　　"陆"是"陸"的简化字，由"𨸏"和"坴"组成，"坴"也表示读音，其本义是高而平阔的地形。现在，"陆"有两个读音：我们常用 lù，表示高出水面的土地，如陆地、大陆、陆军。"陆"还用来表示随从的样子，如陆陆续续。"陆"当数字"六"的大写形式用的时候，读 liù。

【基本解释】

　　"限"字的金文字形，左边为"𨸏"，像盘山石阶的样子，代表高山；右边为"见"，指回望。"限"的本义是崇山险峻，让人望而却步。也有另一种说法认为，"限"是门槛。篆文承续金文字形。楷书将篆文的"𨸏"写成"左耳旁"；将篆文的"见"写成"艮"。我们现在常用"限"的引申义，表示指定的范围，如期限、权限；也指门槛，如门限。"限"还可做动词，指定范围，如限制、限期、限价等。

部首：阝，笔画：9。

六书：形声

笔顺：院院院院院院院院

部首：阝，笔画：9。

六书：会意

笔顺：除除除除除除除除除

【字源演变】

小篆　　　隶书　　　楷体

【说文解字】

坚也。从阜，完聲。

【基本解释】

从小篆字形看，"院"字左边像盘山石阶，仿佛用三块砖垒起来的墙壁，看起来十分整齐，也表示高山；右边是"完"，表示读音，其本义是坚固的墙壁。

现在"院"引申为围墙里房屋四周的空地，如院子、院墙、庭院；"院"也作为某些机关、学校和公共场所的名称，如法院、医院、学院、戏院等。

【字源演变】

小篆　　　隶书　　　楷体

【说文解字】

殿陛也。从𨸏余声。

【基本解释】

"除"，从小篆字形来看，左边是"阜"，指人工土石堆积物，如城墙；右边是"余"，表示"剩下的"，也表示读音。"阜"和"余"联合起来表示为了方便施工临时搭建的东西。"除"的本义是宫殿的台阶。"黎明既起，洒扫庭除"中的"除"就是这个意思，后来引申为清除、去掉，如除名、废除、铲除；也当改变、变换讲，如除夕。"除"还有排除在外、不计算在内的意思，如除非、除了，还常跟"还""又""也"等配搭，表示在此之外，还有别的，如他除了工作，就是学习。

dōu dū 都	部首：阝，笔画：10。 六书：形声 笔顺：都都都都都都都 都都都都

suí 随	部首：阝，笔画：11。 六书：会意 笔顺：随随随随随随 随随随随随

【字源演变】

金文　小篆　隶书　楷体

【字源演变】

小篆　隶书　楷体

【说文解字】

有先君之舊宗廟曰都。从邑者聲。周禮：距国五百里爲都。

【说文解字】

从也。从辵，隋省聲。

【基本解释】

从"都"的金文字形看，左上部是"逆"字的误写，表示有外敌侵入；左下部是个"口"字，表示城门；右边是"邑"，表示城市。字的本义是有关卡、城门把守的大城市，也是大都市。《说文解字》中说存有已故君王的旧宗庙的城邑才能叫作"都"。周代的礼制规定，距王城五百里以内的地方统统划归都城。后来从隶书开始，把右边的"邑"写成"双耳旁"。现在"都"仍然保留着本义，在表示大都市、国家行政机关所在的地方的涵义时，读dū，如都市、国都、首都；在表示全、完全、全部的意思时，读"dōu"，如都要。

【基本解释】

从小篆字形看，"随"由"辵"和"隋"组成，"辵"表示行进，"隋"表示读音，"随"的本义是随时跟从的意思。现在"随"的本义依然沿用，如随从、随身、随波逐流等。"随"还引申为顺从、顺便、就着的意思，如随口、随和、随遇而安。在口语里"随"还表示长得像，如我儿子长得随我。

	部首：阝，笔画：6。
	六书：形声
	笔顺：那那那那那那

	部首：辶，笔画：7。
	六书：会意
	笔顺：这这这这这这这

【字源演变】

小篆　　隶书　　楷体

【字源演变】

小篆　　隶书　　楷体

【说文解字】

西夷國。从邑冄聲。安定有朝那口縣。

【说文解字】

迎也。

【基本解释】

"那"，从小篆字形看，左边是"冄"，指络腮胡子，表示读音；右边是"邑"，表示人居住的村落，其本义是指古代西域城邦，据说在安定郡有一个朝那县，后来引申为较远的时间、地方或事物，与"这"相对，如那里、那样、那时等。如果和"这"一起用，表示众多事物，不确指某人或某事物，如看这、看那，说这道那的；当"那"表示连接关系时，"那"与"那么"相同，如那就好好干吧！

【基本解释】

"这"是一个常用汉字，从小篆字形看，左边是"辵"，表示行走；右边是"言"，表示说话。本义是迎的意思。在现代汉语里，"这"一般做代词使用，是指此，较近的时间、地点或事物，与"那"相对，如这里、这些、这个、这样。"这"还形容这时候，指说话的同时。如他这就来。"这"还是个多音字，有两个读音：zhè、zhèi，但是 zhèi 常用作口语，指数量时不限于一，如这个、这点儿、这些年。

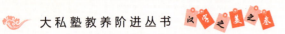

huí 回	部首：口，笔画：6。
	六书：象形
	笔顺：回回回回回回

yīn 因	部首：口，笔画：6。
	六书：会意
	笔顺：因因因因因因

【字源演变】

金文　小篆　隶书　楷体

【说文解字】

轉也。从口，中象回轉形。囘，古文。

【基本解释】

从甲骨文字形看，"回"字像一圈一圈旋转的样子，其本义是用一圈圈的旋转表示循环反复，周而复始。后来小篆的字体发生了讹误，把螺旋形的"回"写成了内外两个圈，这就有了现在的"回"字。

在汉字简化的过程中，"回"还合并了字形复杂的"迴"。"迴"的本义是沿着曲折、回转的路线前进。在现代汉语里，"回"指曲折、环绕、旋转，如回旋、回廊；也引申为掉转或还，走向原来的地方，如回首、妙手回春、回家等；后进一步引申为答复、报答，如回信、回话、回绝。因"回"有返回原点的意思，又引申为量词，指事件的次数，如两回事。

【字源演变】

甲骨文　金文　小篆　隶书　楷体

【说文解字】

就也。从口大。

【基本解释】

"因"的甲骨文字形像一个人平躺在一张褥子上的样子，是"茵"的本字，意思是褥子或垫子，后来"因"本义消失，就另造"茵"字代替本义，"因"则引申为原故、原由，指事物发生前已具备的条件，与"果"相对，如原因、因素、病因；也可以指理由，如因为、因而；"因"还指依、顺着、沿袭的意思，如因此、因循守旧、因噎废食等。

部首：囗，笔画：6。

六书：形声

笔顺：团团团团团团

部首：囗，笔画：7。

六书：会意

笔顺：困困困困困困
困

【字源演变】

小篆　　隶书　　楷体

【字源演变】

金文　　小篆　　隶书　　楷体

【说文解字】

圜也。从囗專聲。

【说文解字】

故廬也。从木在囗中。

【基本解释】

　　从小篆字形看，"团"字由"囗"和"專"组成，"囗"表示围绕，"專"表示读音。汉字简化时，"团"字合并了字形复杂的"糰"。"糰"表示由米饭、熟食揉成的球状疙瘩。"团"的本义是圆，比如团扇、团城（北京故宫西北、北海南门口的圆形围城）等。我们现在常用的是"团"的引申义，表示会和在一起，如团聚、团结；或表示一种集体组织或者军队编制的单位，如团体、团长。"团"还可以作为量词使用，如一团糟、一团迷雾。

【基本解释】

　　汉字简化时，"困"字合并了"睏"字，从甲骨文字形看，像"木"在"囗"中。"囗"像房的四壁；里边是生长的树木，可见房屋已经很久没有人居住了。"困"的本意是废弃不用的房屋。后来引申为表示陷在艰难痛苦或无法摆脱的环境中，穷苦、艰难，如困苦、困难、困扰等等。"困"还用来表示包围，如困守、围困。

　　"睏"字从字形上看，是"困"左边添加了"目"字旁，表示眼睛睁不开。所以"睏"字的本意是为睡意所困，睁不开眼，后来引申为表示疲乏，如困乏、困顿。也指疲劳得想睡觉，如你困了就先睡觉吧。

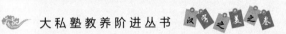

| 部首：囗，笔画：7。 |
| 六书：形声 |
| 笔顺：围围围围围围围 |

| 部首：囗，笔画：8。 |
| 六书：形声 |
| 笔顺：固固固固固固固固 |

【字源演变】

小篆　　隶书　　楷体

【字源演变】

金文　小篆　隶书　楷体

【说文解字】

守也。从囗韦声。

【说文解字】

四塞也。从囗古声。

【基本解释】

　　"围"，从小篆字形看，里面是"韦"，表示读音；外面是"囗"，表示城墙，其本义是卫兵绕城巡逻，保卫城池，后来引申为环绕、四周拦挡起来，如围城、围攻、解围、突围；"围"还用来表示圈起来作拦阻或遮挡的东西，如围巾、围裙、围墙；也可以用来表示四周，如外围、周围。

【基本解释】

　　"固"，从金文字形看，是在"田"里面加了一个"曰"字，表示坚硬的加层，所以"固"的本义是给盔甲加层，使之牢不可破，引申为坚固。篆文"固"将金文的"曰"写成了"口"，本义是四周阻塞不易进出，表示坚固。"固"在现代汉语里仍然表示结实、牢靠的意思，如稳固、凝固、加固；此外还引申为坚定、不变动、原来的，如固执、固本、固步自封。

部首：囗，笔画：8。

六书：会意

笔顺：图 图 图 图 图 图 图 图

部首：囗，笔画：10。

六书：形声

笔顺：圆 圆 圆 圆 圆 圆 圆 圆 圆 圆

【字源演变】

小篆　　隶书　　楷体

【字源演变】

小篆　　隶书　　楷体

【说文解字】

畫計難也。从囗从啚。啚，難意也。

【说文解字】

圜全也。从囗員聲，讀若員。

【基本解释】

"图"是"圖"的简化字，从小篆字形看，由"囗"和"啚"组成。"囗"指四境边界，表示一定的范围，"啚"表示艰难的意思，合起来表示规划一件事，需慎重考虑，其本义是谋划，反复考虑。

现在"图"仍保留了本义，表示计划、希望得到、谋取，如图谋、企图、励精图治、唯利是图等；后来"图"也引申为指描画或用绘画表现出来的形象，如图画、图案、图谱等。

【基本解释】

"员"是"圆"的本字，"员"表示鼎的圆口，后来"员"的鼎的圆口本义消失后，另造出"圆"字代替，"圆"是指完整封闭的弧圈，那就是从中心点到周边任何一点的距离都相等的形，如圆形、圆周、圆锥；完整等距的圆形，就是均衡的、周全的，由此引申为完备，周全，如圆满；进一步引申为使之周全，如自圆其说、圆谎、圆场。

"圆"需要用圆规画时，运转无碍才圆，所以引申为宛转、爽滑，如圆滑、圆润；又引申为运转无碍，如圆熟、圆通。

jiè 界	部首：田，笔画：9。
	六书：形声
	笔顺：界界界界界界界界界

liú 留	部首：田，笔画：10。
	六书：形声
	笔顺：留留留留留留留留留留

【字源演变】

小篆　　隶书　　楷体

【字源演变】

金文　　小篆　　隶书　　楷体

【说文解字】

境也。从田，介声。

【说文解字】

止也。从田丣声。

【基本解释】

从小篆字形看，"界"字由"田"和"介"组成。造字之初，"田"字表示疆域、边陲，"介"字表示处于两者之间，合在一起的"界"字，表示处于两个诸侯国之间的分界线，也表示读音；所以"界"的本义为地域交接的边界，如国界等；"界"也指范围，如眼界；或按职业或性别等所划分的人群范围、由某些社会成员所组成的团体，如娱乐界、教育界。

【基本解释】

"留"的金文字形，上面"𝄐"，指水沟两边的储水池；下面是"田"，就是指农田，合在一起就是"留"。《说文解字》说，"留"的本义是停止，停在某个地方不离去，如留步、留守、留学等。"留"还引申表示不忍舍弃、不忍离去，不让离开，如留恋、留宿、挽留、拘留等；如果是把注意力放在某方面，我们说留心、留神、留意。此外，"留"还有保存的意思，如留存、留念、保留等。

部首：田，笔画：11。

六书：形声

笔顺：略略略略略略略略略略略

部首：户，笔画：8。

六书：形声

笔顺：所所所所所所所所

【字源演变】

小篆　　隶书　　楷体

【字源演变】

金文　小篆　　隶书　　楷体

【说文解字】

經略土地也。从田各聲。

【说文解字】

伐木聲也。从斤户聲。《詩》曰："伐木所所。"

【基本解释】

"各"是"略"的本字，"各"的甲骨文字形是一只脚从城邑中走出去，表示出征侵入其他领地。后来这个意思在"各"前加上"田"字，造出"略"字代替。"略"的本义是管理侵占的土地。古文称武力掠财为"侵"，武力占地为"略"。后来"略"引申为抢、掠夺，如侵略、攻城略地等。"略"还可以表示计谋、计划，如方针策略、战略思想等。此外，"略"还用来表示简单、简化，如大略、简略、粗略；若表示稍微差一点儿，可以说略逊一筹，反之，可以说略胜一筹；稍微也可以说略微；知道一点儿可以说略知一二、略有所闻。

【基本解释】

"所"字的金文字形由"户"和"斤"组成，"户"表示读音；"斤"即斧头，表示砍伐的工具，所以，"所"的本义是砍伐树木的声音。《诗经》有诗句：伐木所所。我们现在常用"所"的引申义，"所"引申为地方，如住所、场所、处所；还可以作为机关或其他办事的地方的名称，如派出所、研究所。"所"还可以用在动词前，表示接受动作的事物，如各尽所能、所向无敌、无所谓。"所"还用做量词，如一所院子。

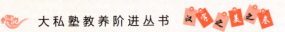
liáng liàng 量	部首：里，笔画：12。
	六书：形声
	笔顺：量量量量量量 量量量量量量

yìng 映	部首：日，笔画：9。
	六书：形声
	笔顺：映映映映映映 映映映

【字源演变】

甲骨文　金文　小篆　隶书　楷体

【字源演变】

小篆　隶书　楷体

【说文解字】

稱輕重也。从重省，曏省聲。

【说文解字】

明也。隱也。从日央聲。

【基本解释】

"量"的甲骨文、金文字形，由"日"和"束"组成，"日"代表日、月星辰，"束"即东代表行囊，组合起来就是以日月星辰为参照，估算行程。后来引伸出用秤测出物品的轻重的意思。现在"量"是个多音字：读 liáng 的时候，表示用计测器具或其他作为标准的东西确定、计测，如测量、量体温；还表示用来测量的工具，如量具、量杯等；此外还有估量的意思，如思量、打量等。读 liàng 的时候，表示能容纳、禁受的限度，如酒量、气量、质量、数量等。

【基本解释】

从甲骨文字形看，"映"字左边是月亮，右边是个盛东西的器皿，本义是水盆照月影，有照、趁着亮光的意思，也有一种说法认为是遮蔽。后来引申为照耀、照射，如映射、映照；也可以指因光线照射而显示的意思，以及光影的折射，如反映、映衬；又如映雪读书，是说过去穷人家的孩子没有灯，只能借着雪的反光看书。"映"也有向上级转达下级意见的意思，如反映群众意见。

	部首：日，笔画：9。
	六书：形声
	笔顺：显显显显显显显显显

	部首：日，笔画：12。
	六书：会意
	笔顺：普普普普普普普普普普普普

【字源演变】

小篆　　　隶书　　　楷体

【字源演变】

小篆　　　隶书　　　楷体

【说文解字】

頭明飾也。从頁㬎聲。

【说文解字】

日無色也。从日从並。

【基本解释】

从小篆字形看，"显"字左边是"丝"，表示联、系，也表示读音；右边是"页"，表示头部，其本义是用丝线将珠玉宝石等发光饰品系、挂在头部，以展现自我。"显"的反义词是"隐"，"显"是头上系戴明亮饰品，自我张扬；"隐"是为静心修道而远离人群，深居山野。后来"显"引申为露在外面、容易看出来，如显现、明显；也表示露出、有名望的意思，如显山露水、显贵、显赫等等。

【基本解释】

"普"，小篆楷体上半部分为"㶚"，表示并列的意思；下半部分为"⊙"，代表太阳，其本义是太阳同时照射万物，远近天色都一样，后引申为普遍、全面、无所不在的，如普通、普查、普天同庆，共同的特点就是覆盖范围大。

jǐng 景	部首：日，笔画：12。
	六书：形声
	笔顺：景景景景景景 景景景景景景

jīng 晶	部首：日，笔画：12。
	六书：会意
	笔顺：晶晶晶晶晶晶 晶晶晶晶晶晶

【字源演变】

小篆　　　隶书　　　楷体

【字源演变】

甲骨文　　小篆　　　隶书　　　楷体

【说文解字】

光也。从日京聲。

【说文解字】

精光也。从三日。凡晶之屬皆从晶。

【基本解释】

"景"字由"日"和"京"组成，"日"指太阳，"京"指塔楼高台，合在一起，表示日照楼台，本义是太阳，在高大亭台上投下的影子。后来，"景"的本义由另外造的"影"字代替，"景"则引申为光影交错的自然美景，如景色、景物、景气等；也指情况和状况，如光景、年景、景象；"景"还有佩服、敬慕的含义，如景仰等。

【基本解释】

"晶"字由三个"日"组成，每个"日"都代表发光的天体，造字之初"晶"字表示众多闪烁发光的星体，并非指"太阳"，每一个⊙都是一颗星星。当"晶"的星群本义消失后，再加"生"另造"星"字代替，古文中"晶"与"星"互相通用。"晶"后来引申为光亮、明亮的含义，如晶莹剔透、亮晶晶等；"晶"也指晶体，指结构规则的透明固体；同时，"晶"也可比喻珍贵的成果，如结晶。

	部首：日，笔画：8。
míng 明	六书：会意
	笔顺：明明明明明明明明

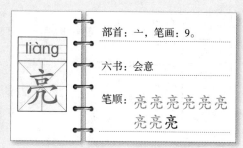

	部首：亠，笔画：9。
liàng 亮	六书：会意
	笔顺：亮亮亮亮亮亮亮亮亮

【字源演变】

甲骨文　金文　小篆　隶书　楷体

【说文解字】

明，古文朙。照也。从月从囧。凡明之属皆从明。

【基本解释】

"明"字本义为日光、月光（古人认为月亮也是发光的）将空间照亮，与"暗"相对，如明亮、明媚、明眸。时间一天一夜、一明一暗地循环，来不及做的事情就等天亮之后，引申出下一次的：如明日、明年；在明亮处自然看的清楚，引申为清楚，如明白、明显，并进一步引申为能够看清事物，如明察秋毫、耳聪目明；也引申为不怕放在明亮处、公开、不隐蔽，如明说、明处。看得清楚，就会心里明白、懂得，故引申为了解，如深明大义；看得明白，判断就准确，引申为睿智，如英明、贤明；明处有视力，黑处就看不见，于是引申为视觉、眼力，如失明。

【字源演变】

小篆　隶书　楷体

【说文解字】

明也。从儿，高省。各本無。此依六书故所據唐本補。

【基本解释】

从小篆字形看，"亮"字上面是省略的"高"，下面是"几"，"亮"的本义是明亮。这一本义至今沿用，指光线强，如亮光、亮度等。亮还引申为表示声音强，如响亮、洪亮。"亮"还用来指人的心胸、思想等开朗、清楚，如心明眼亮；"亮"也可用来指颜色鲜明，有光泽，如鲜亮、这布花色真亮。

部首：厶，笔画：8。

六书：形声

笔顺：参参参参参参参参

部首：乙，笔画：11。

六书：形声

笔顺：乾乾乾乾乾乾乾乾乾乾乾

【字源演变】

小篆　　隶书　　楷体

【字源演变】

小篆　　隶书　　楷体

【说文解字】

商星也。从晶㐱声。

【说文解字】

上出也。从乙。乙，物之达也。倝声。

【基本解释】

"参"，读shēn，小篆字形是在人的头上有几颗星，后来又加上三条斜线，表示星光。在中国古代天文学中，商星和参星分别在夏天和冬天最显著，刚好一升一落，不可能同时出现在天空，因此杜甫有诗曰："人生不相见，动如参与商。"用"参星"和"商星"来比喻亲友分离不得相见或彼此对立不和睦。汉字简化后，"参"合并了"蓡"和"葠"，"蔢"指水中植物，"葠"指人参、党参的统称，也读shēn。

参引申为导航、指南的意思，如参考，又进一步引申为拜见及加入、探究等意，这时读cān。

读cēn时，指参差，表示多、杂、不齐。但不单独使用。

【基本解释】

"乾"，从小篆字形看，左边是"草"，表示读音；右边是"乞"，是"气"的变形，表示蒸汽。从字形看，表示烈日里水汽蒸发，所以本义是阳气向上升腾。在道家古老的阴阳观念中，天为阳，称作"乾"；地为阴，称作"坤"。"乾坤"除了表示《易经》中的乾卦和坤卦以外，还借指天地、阴阳或江山、局面等，如扭转乾坤。

líng	部首：雨，笔画：13。
	六书：形声
	笔顺：零零零零零零零零零零零零零

léi	部首：雨，笔画：13。
	六书：会意
	笔顺：雷雷雷雷雷雷雷雷雷雷雷雷雷

【字源演变】

小篆　　隶书　　楷体

【说文解字】

餘雨也。从雨令聲。

【基本解释】

"零"的小篆字形中，上面是"雨"，表示跟雨有关；下面的"令"表示读音，本义是徐徐飘落的小雨。并引申为液体的降落，如感激涕零；由雨的飘落引申为草木花叶枯萎而落下，如零落、凋零；由小雨的细小引申为部分的、细碎的、数目小的，含义与"整"相对，如零碎、零售、零乱等。此外，"零"还表示一个数字，是整数系统中一个重要的数，它小于一切自然数，是介于正数和负数之间唯一的数，记作"0"。有时用来表示某种量的基准，如摄氏温度计上的冰点，记作"0℃"。在数量上表示没有，如一减一等于零，这种药的效力等于零。

【字源演变】

甲骨文　　金文　　小篆　　隶书　　楷体

【说文解字】

陰陽薄動靁雨，生物者也。从雨，畾象回转形。

【基本解释】

从甲骨文字形看，"雷"字中间的曲线是打雷时伴随而来的闪电，圆圈和小点表示雷声，整个字形表示雷声和闪电相伴而作。金文把圆形写成车轮形，强调其响，并加"雨"，表示"雷"多在雨天出现。

演变到小篆体，"雷"变成了会意字，上面是"雨"，下面象雷声相连的形状，表示打雷下雨，所以"雷"的本义是云层放电时发出的巨响。现在"雷"字也引申为军事用的爆炸武器，如地雷、鱼雷、扫雷等。

部首：雨，笔画：14。

六书：形声

笔顺：需需需需需需需需需需需需需需

部首：雨，笔画：21。

六书：形声

笔顺：露露露露露露露露露露露露露露露露露露露露露

【字源演变】

金文　小篆　隶书　楷体

【说文解字】

顡也。遇雨不进，止顡也。从雨而聲。《易》曰："雲上於天，需。"

【基本解释】

从金文字形看，"需"字的上面是"雨"，表示与雨有关；下面是"而"，表示读音，其本义是遇雨无法前进，停下等待。

现代汉语中，"需"的含义已和云、雨都没有关系了，常引申为必得用，如需求、急需，还指必得用的财物，如军需、民需。"必需"和"必须"是我们常使用的词，但侧重点不同，"需"字偏重需求之意，而"须"则偏重强调语气。

【字源演变】

小篆　隶书　楷体

【说文解字】

润泽也。从雨路聲。

【基本解释】

"露"的本义是上苍用来润泽万物的水汽，夜间气温下降后，户外空气中的水汽因饱和而在地面物体上形成的水珠，对植物有重要的滋润作用。古人认为露水是"天水"经过地面：夜间从天上来到地上，早上又从地上回到天上。从字形看，"露"字上面是"雨"，下面是"路"，表示读音。

现在"露"是个多音字："露"的本义读lù，如白露、寒露、甘露等；"露"还引申为表示在室外、无遮盖、显现的意思，如露天、露宿、露营等；Lòu这个读音常用在口语里，如露马脚、露头儿等。

部首：石，笔画：8。

六书：形声

笔顺：矿 矿 矿 矿 矿 矿 矿 矿

部首：石，笔画：9。

六书：形声

笔顺：研 研 研 研 研 研 研 研 研

【字源演变】

小篆　　隶书　　楷体

【说文解字】

磺，铜铁樸石也。

【基本解释】

　　"矿"的繁体字是"礦"。《集韵》中解释，这个字同"磺"，《说文解字》中收录了"磺"字，所以"矿"的本意是包含铜铁等金属原料、未经打磨的、原始状态的岩石。"礦"，左边是"石"，表示与石头有关；右边是"黄"，表示读音。"矿"直到现在一直保留着本意，如矿藏、煤矿、矿产等。矿产对于一个国家、民族的发展至关重要。随着矿产的发现和开采，衍生出和矿产有关的好多词语，如矿井、矿工等等，这时候"矿"字的字义也扩大为表示开采矿石的场所了。

【字源演变】

小篆　　隶书　　楷体

【说文解字】

䃺也。从石开聲。

【基本解释】

　　"研"，从小篆字形看，左边是"石"，代表舂磨的石臼；右边是"开"，意为手持双杵，也表示读音，隶书误将小篆中的"幵"写成"开"，就此写成"研"。其本义是把东西细细磨碎。现代汉语一直沿用本义，如研磨、研碎、研墨；后引申为研究，表示在学习上对知识的反复思考和探求，如研究、钻研。

	部首：石，笔画：10。
pò **破**	六书：形声
	笔顺：破破破破破破破破破破

	部首：石，笔画：10。
chǔ **础**	六书：形声
	笔顺：础础础础础础础础础础

【字源演变】

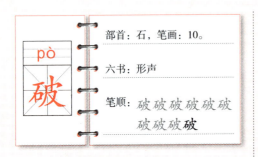

小篆　　隶书　　楷体

【说文解字】

石碎也。从石皮聲。

【基本解释】

　　"破"，小篆字形左边是"石"，表示与石头有关；右边是"皮"，表示读音，其本义是石头碎裂。后引申为东西由完整到不完整的动作、使分裂、破烂的，如破烂、势如破竹；在规定、习惯和思想等方面的破坏或违背，可以说破格、破例；整钱变成零钱，可以说把整钱破成零钱，"花钱"一词在特定的情境中可说成破费；把敌人打败叫大破敌军、攻破城池；打破真相、揭穿谎言，叫一语道破；"破"也常常带有讥讽的意思，有贬义，如谁喜欢那件破衣服！

【字源演变】

小篆　　隶书　　楷体

【说文解字】

礩也。从石楚聲。

【基本解释】

　　"础"是"礎"的简体字。从小篆字形看，左边是"石"，表示与石头有关；右边是"楚"，表示读音。"石"和"楚"合起来表示柱脚石，即垫在房屋柱子下的石头或者石礅子。

　　古人称筑屋的墙脚为"基"，称铺垫房柱的石头为"础"，由此引申为事物发展的起点，如基础，我们要想多学本领，身体健康是基础；计算能力是学好数学的基础。

部首：石，笔画：12。

六书：形声

笔顺：硫硫硫硫硫硫硫硫硫硫硫**硫**

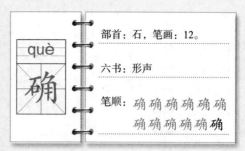

部首：石，笔画：12。

六书：形声

笔顺：确确确确确确确确确确确**确**

【字源演变】

小篆　　隶书　　楷体

【说文解字】

石硫黄，藥名。

【基本解释】

　　"硫"的本义是一种非金属元素，普通称"硫磺"或"硫黄"，可用以制火药、火柴、杀虫剂等，亦可用来治皮肤病，如硫磺皂。现在看，"硫"是不能吃的，吃了会很难受。可是古代的人却把它拿来制作叫"五石散"的药，据说吃了能够成仙，能够长生不老。魏晋南北朝时期的好多名人都吃这个东西，比如诗人阮籍、弹奏《广陵散》的嵇康。这种东西其实对健康很不好。

【字源演变】

小篆　　隶书　　楷体

【说文解字】

磬石也。从石角聲。礉，确或从殸。

【基本解释】

　　"确"，从小篆字形看，左边是"石"，表示磬石，一种可以制作乐器磬的石头，"磬"是一种中国古代汉族石制打击乐器和礼器；右边是"角"，表示读音，其本义是磬石，石头做的乐器。后来由磬石的坚硬引申为坚固、固定，如确定、确信、确立；还引申为可信的、合乎事实的、真实、实在的意思，如确信、确凿、准确、确切等；"确"还有的确、确乎的意思，如确有此事，表示对此事的发生十分肯定。

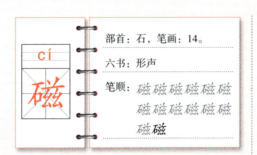

部首：石，笔画：14。

六书：形声

笔顺：磁磁磁磁磁磁磁磁磁磁磁磁磁磁

部首：一，笔画：7。

六书：形声

笔顺：严严严严严严严

【字源演变】

小篆　　隶书　　楷体

【正　　韵】

才資切，音慈。本作礠。省从兹。

【基本解释】

　　这个字出现的较晚，《说文解字》没有记载，左边为"石"，是形旁；右边为"兹"，做声旁。"磁"，本义指磁石，是一种石头的名字，也叫吸铁石。后引申为能吸引铁、镍等金属的性质，如磁性、磁力、磁场。

　　此外，"磁"是"瓷"的俗体字，指瓷器，如磁器。"磁"在口语里，还指紧密，如雪很磁实。

【字源演变】

小篆　　隶书　　楷体

【说文解字】

教命急也。

【基本解释】

　　从小篆字形看，"严"字上边是"岩"的简写，表示坚硬；中间是"帚"，是体罚用的竹鞭；下面是"又"，即手，表示抓持；旁边是"口"，表示训斥，合起来表示训斥、体罚，用苛刻的硬标准要求，所以"严"的本义是教训、命令、督促。现在引申为不放松、厉害、重大的意思，如严格、严肃、严厉、严重；还引申为郑重、庄重，如庄严。也指空间上的紧密，如严紧、严密。

	部首：灬，笔画：10。
liè 烈	六书：形声
	笔顺：烈烈烈烈烈烈烈烈烈烈

	部首：灬，笔画：12。
rán 然	六书：形声
	笔顺：然然然然然然然然然然然然

【字源演变】

小篆　　隶书　　楷体

【字源演变】

金文　　小篆　　隶书　　楷体

【说文解字】

火猛也。从火列声。

【说文解字】

烧也。从火肰声。

【基本解释】

从小篆字形看，"烈"的上部是"列"，"列"在古时候是一种残忍、凶猛的刑罚，表示读音，下部是"火"，表示与火有关，所以"烈"的本义是火势猛。由火势猛引申为猛、厉害的意思，如形容火势猛，可以说"烈火"；形容马厉害，可以说"烈马"。"烈"还指气势盛大，如轰轰烈烈。"烈"还用来形容人性格刚直、有高贵品格，或者为正义而牺牲，如烈士、先烈。

【基本解释】

"然"，从金文字形看，左上部是"月"，表示肉；左下部是"火"，表示烧烤；右边是"犬"，代表狩猎，整个字的意思就是将打猎收获的猎物烤熟了吃。这也是"然"字的本义。远古时代，吃烤熟的食物是人类生存的一大突破性进步。后来"然"的烧烤的含义消失以后，又加一把"火"，另造了"燃"代替，"然"则引申为合理、正确的意思，如不以为然；"然"还指这样、如此，如当然、然后；"然"用于句尾，表示描写某种状态，如显然、忽然、飘飘然。

zhào 照	部首：灬，笔画：13。
	六书：形声
	笔顺：照照照照照照 照照照照照照 照

diǎn 点	部首：灬，笔画：9。
	六书：形声
	笔顺：点点点点点点 点点点

【字源演变】

小篆　隶书　楷体

【字源演变】

小篆　隶书　楷体

【说文解字】

明也。从火昭声。

【说文解字】

小黑也。从黑占声。

【基本解释】

"照"，从小篆字形看，左上部是"日"，表示日光；下面是"火"，表示火把；右边是"召"，表示读音，整个字，表示在日光的照射下，视野变得明亮，所以"照"的本义是阳光使天地明亮。光线射在物体上，称之为日照、照射，通过这一物理现象，科学家们发明了镜子，通过镜子可以看到镜子前的自己或其他人的影像，这就是照镜子；还有照相机、照片等等。此外，"照"还用来表示看护，如照管、照顾；还指按着、凭借、查对，如依照、护照、对照等。

【基本解释】

"点"是"點"的简化字。"點"由"黑"和"占"组成，"占"，既是声旁也是形旁，表示沾染，"黑"是墨汁的意思。"点"的本义是古人用带墨汁的毛笔笔尖在书页上标注圆粒状记号。如点化、点名；由此引申为用指尖轻击，或压、弹、刺、触，如点拨、点击；"点"还引申为很小的地方、微小的物体或者有特点的部分，如糕点、特点、优点、重点；有时候"点"还用作计时的单位，如三点钟；"点"也可以做量词，表示颗、粒、部分、条等，如几点建议、一点点。

	部首：火，笔画：10。
yān 烟	六书：形声
	笔顺：烟烟烟烟烟烟 烟烟烟烟

	部首：火，笔画：10。
shāo 烧	六书：形声
	笔顺：烧烧烧烧烧烧 烧烧烧烧

【字源演变】

小篆　　隶书　　楷体

【字源演变】

小篆　　隶书　　楷体

【说文解字】

火气也。从火垔聲。

【说文解字】

蓺也。从火堯聲。

【基本解释】

从小篆字形看，"烟"字左边是"火"，表示含义；右边是"垔"，表示读音，其本义指物质燃烧时所生产的气体。

现代汉语依然使用本义，如冒烟、烟雾，后引申为像烟的物质，如烟霞、烟霭；另外，"烟"还指一种一年生草本植物，如烟草、烟叶；也指烟草制成品，如香烟、吸烟。关于烟草一词，古文献中大量的"烟草"并非现代所指的"烟草"，而是指烟雾笼罩的草丛，也就是蔓草的意思。

【基本解释】

从小篆字形看，"烧"字的左边是"火"，形旁；右边是"尧"，指陶器泥坯，也表示读音，其本义是使东西着火，燃烧，如烧毁；后来引申为加热使物体起变化，如烧水、烧饭、烧砖等；"烧"也是24种常用的烹饪方法之一，如烧茄子、烧鸡；还指经烘烤制成的饼，如烧饼、火烧；烧酒，是一种烈性的白酒。"烧"也指人的体温高于正常值，如发烧。

méi 煤	部首：火，笔画：13。
	六书：形声
	笔顺：煤煤煤煤煤煤煤煤煤煤煤煤煤

rán 燃	部首：火，笔画：16。
	六书：形声
	笔顺：燃燃燃燃燃燃燃燃燃燃燃燃燃燃燃燃

【字源演变】

小篆　　隶书　　楷体

【玉　　篇】

臭煤。

【广　　韵】

臭煤，灰集屋也。

【基本解释】

"煤"，左边是"火"，表示与火有关；右边是"某"，表示读音，其义为燃烧的烟气所凝集成的黑灰，这种黑灰可制成墨，如松煤；又引申为一种由古代植物埋在地下而形成的黑色固体矿物，就是我们常说的煤炭，如煤田、煤矿等。

【字源演变】

小篆　　隶书　　楷体

【说文解字】

烧也。从火狀聲。

【基本解释】

"燃"的本字是"然"，本义是烧烤。后来"然"的烧烤的含义消失以后，又另造了"燃"代替，强调烧火的含义。"燃"表示燃烧、烧起火焰的意思，如燃料、燃点、燃眉之急；"燃"也指引火点着的过程，如点燃、燃灯；"燃"也可以组词为"燃情"，指情感像火焰被点燃，形容感情热烈。

| 部首：山，笔画：8。 |
| 六书：形声 |
| 笔顺：岩岩岩岩岩岩岩岩 |

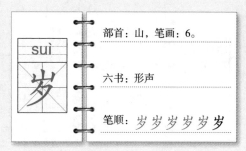

| 部首：山，笔画：6。 |
| 六书：形声 |
| 笔顺：岁岁岁岁岁岁 |

【字源演变】

【说文解字】

岸也。从山嚴聲。

【基本解释】

"岩"的甲骨文字形像众多石块堆积，表示布满石头的山，有的篆文省去"山"，加"严"，表示险峻，字形复杂化。俗体楷书基本恢复甲骨文字形，只是将甲骨文的"上石下山"结构调整成了"上山下石"。而按照《说文解字》中的解释，"岩"的本义是河岸，河岸边多为高峻的山崖，所以"岩"后来引申为山崖，如岩壁；也指构成地壳的石头，如岩石、岩洞、岩层，还引申为险要、险峻之地，如岩险、岩邑。

【字源演变】

【说文解字】

木星也。越歷二十八宿，宣徧陰陽，十二月一次。从步戌聲。律歷書名五星爲五步。

【基本解释】

从"岁"的甲骨文字形看，像一把有弯刀的大斧子，即"戌"，斧子上有两个"止"，指脚步，步行的意思。"岁"的本义是施行割去双足防止奴隶逃走，后来本义消失，另加"刀"造"刿"

代替，而"岁"则如《说文解字》所说，代替木星。那时我们的先祖就已经认识到木星约十二年绕行太空一圈，每年行经中原上空一次，于是以木星行经的星次来纪年，即"岁星纪年法"，也因此古人将木星称为"岁星"，有时直接简化称作"岁"，后来引申为"年岁"的意思。现在岁表示年，如岁首、守岁；还引申为一年的收成、年景，如歉岁，"岁"还用来指年龄、时间，如周岁、岁月。

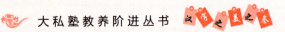

qīng	部首：气，笔画：9。
氢	六书：形声
	笔顺：氢氢氢氢氢氢氢氢氢

yǎng	部首：气，笔画：10。
氧	六书：形声
	笔顺：氧氧氧氧氧氧氧氧氧氧

【字源演变】

小篆　　隶书　　楷体

【说文解字】

无记载。

【基本解释】

"氢"，从小篆字形看，上面是"气"，表示与气体有关；下面是"坙"，表示读音，"氢"字是典型的形声造字法造出来的。

"氢"是一种化学元素，在元素周期表中位于第一位。氢气，是无色无味无臭、极易燃烧的气体，也是最轻的气体。氢元素发现的时间比较晚，一般认为是1766年英国化学家和物理学家卡文迪许最先发现了这种元素。

【字源演变】

小篆　　隶书　　楷体

【说文解字】

无记载。

【基本解释】

从小篆字形看，"氧"字也是典型的形声造字，"气"字头，是形旁，"羊"是声旁。"氧"的本义就是氧气，是一种化学元素，无色、无味、无臭。氧在冶金工业、化学工业中用途很广；"氧"是人和动、植物呼吸所必需的气体，如吸氧、高山缺氧；物质跟氧结合的过程叫氧化，氧化和还原是同时发生的。

部首：贝，笔画：7。

六书：形声

笔顺：财财财财财财财

部首：贝，笔画：8。

六书：形声

笔顺：责责责责责责责责

【字源演变】

小篆　　隶书　　楷体

【字源演变】

甲骨文　小篆　隶书　楷体

【说文解字】

人所寶也。从貝才聲。

【说文解字】

求也。从貝朿聲。

【基本解释】

"财"，从小篆字形看，左边是"贝"，古时以贝壳为货币，又用作装饰，所以"贝"字做偏旁的字多与钱财宝物、装饰品或贸易商品有关；右边为"才"，表示读音。"财"的本义是指被人们当作宝贝珍藏的东西，后引申为一切有价值的物品，多指金钱和物资，如财产、财富等。

【基本解释】

"责"，从甲骨文字形看，上面是"朿"，表示用荆条鞭打；下面是"贝"，表示钱财，从字形看，像用荆条鞭打，逼迫返还所欠的钱财，所以"责"的本义是催债。篆文承续甲骨文字形。当"责"的催债本义消失后，再加"人"另造"债"代替。现在"责"引申为责任，指分内应做的事，如责任、责无旁贷等；还表示要求，如责求、责令、责成；也表示指摘过失、质问，如求全责备、责怪、谴责；旧时也指为了惩罚而打，如鞭责、杖责。

huò 货	部首：贝，笔画：8。
	六书：形声
	笔顺：货货货货货货货货

zhì 质	部首：贝，笔画：8。
	六书：会意
	笔顺：质质质质质质质质

【字源演变】

小篆　　隶书　　楷体

【字源演变】

金文　　小篆　　隶书　　楷体

【说文解字】

财也。从贝化聲。

【说文解字】

以物相赘。从贝从所。阙。

【基本解释】

"货"，从小篆字形看，上部是"化"，表示转变；下部是"贝"，表示钱财，其本义是财务，指可以转换成钱财的商品，也指金钱、珠玉、布帛的总称，如货物、货栈、货币等。

现代汉语中，"货"字也用于指人，但可以是骂人，也可以是开玩笑的话，如蠢货、笨货等，视具体语境及交流对象关系亲疏进行判断。

【基本解释】

"质"，从金文字形看，由"人"、"贝"和"斤"组成。"贝"指钱财；"斤"指斧子，代表武力，合起来表示以刀斧劫持人员做抵押，以求赎金，所以，"质"的本义就是抵押、以……做人质，篆文调整成上下结构。我们现在多用"质"的引申义，现在"质"表示本体、本性，如物质、实质、品质、素质等；"质"还表示朴素、单纯，如质朴；也可以当辨别、责问讲，如质疑、质问、对质等。有时候"质"也指抵押或抵押品，如人质。

部首：贝，笔画：9。

六书：形声

笔顺：贵贵贵贵贵贵贵贵贵

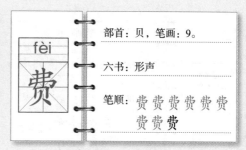

部首：贝，笔画：9。

六书：形声

笔顺：费费费费费费费费费

【字源演变】

小篆　　隶书　　楷体

【字源演变】

金文　　小篆　　隶书　　楷体

【说文解字】

物不贱也。从贝臾声。

【说文解字】

财用也。从贝弗声。

【基本解释】

在远古社会，土地能生长万物，就是最可宝贵的，所以"贵"字上部像双手捧土的样子，表达了古人对于萌生万物的土地的敬拜；下面是"贝"，为古代的货币，是财富的象征，所以，"贵"的本义是货物的价格不低贱。现在依然保留着这个意思，与"贱"相对，如贵贱、贵重、可贵。后来，"贵"字又引申为地位高，如贵族。在外交场合，"贵"还是一个敬辞，称与对方有关的事物时使用，如贵国、贵姓。

【基本解释】

从金文字形看，"费"左上部是"弗"，表示捆绑；右上部是"刂"，表示割、解；下面是"贝"，表示钱。三部分合起来表示解开系扎的贝壳，花钱啦！篆文省去了"刀"，成了"费"，其本义是耗散钱财的意思。现在仍保留了本义，如花费、消费。还引申为动词，表示用、消耗，如费事、费解、煞费苦心；做名词时则表示需用的钱财，如学费、费用。

zī 资	部首：贝，笔画：10。
	六书：形声
	笔顺：资资资资资资资资资资

mǎi 买	部首：一，笔画：6。
	六书：会意
	笔顺：买买买买买买

【字源演变】

小篆　隶书　楷体

【说文解字】

货也。从贝次声。

【基本解释】

从小篆字形看，"资"的左边是"贝"，表示与钱相关；右边是"次"，表示读音。"资"的本义指财物、钱财，如资源、资金等；也指对需要的人的帮助，如资助、资送等；另外，"资"也指个人智慧能力，或指个人的出身和经历，如资格、天资等。

《说文解字》说"资"是"货也"，货是"财也"，财，"人所宝也"，《广韵》说，"财、货也"。总之，"资"不是商品就是钱币，古时没有货币时，商品就是时财物。

【字源演变】

甲骨文　小篆　隶书　楷体

【说文解字】

市也。从网贝。《孟子》曰："登垄断而网市利。"

【基本解释】

"买"，从甲骨文字形看，外面是张网，有罩住、收进的意思；里面是贝壳，"贝"在古代指钱币，也指财物，合起来表示把财货收进来、买进来的意思，所以买的本义是拿钱换东西，买进、购进的意思。后引申为商品交易、以钱换取物资，跟"卖"相对，如买票、买布、买卖；也有招致的含义，如买祸，表示招致祸患。

部首：钅，笔画：7。
六书：形声
笔顺：针针针针针针针

部首：钅，笔画：9。
六书：形声
笔顺：钟钟钟钟钟钟钟钟钟

【字源演变】

小篆　　隶书　　楷体

【说文解字】

所以缝也。从金咸聲。

【基本解释】

　　"针"是"鍼"的简体字。从小篆字形看，左边是"金"，表示金属；右边是"咸"，表示读音。本义是缝衣服的用具。从古代起，"针"的本义就是缝衣的用具。最初用的是竹针，写作"箴"，后来人类有了金属的针，写作"鍼"（针），现在，"针"还保留着本义，如针线；还引申为细长的、与针类似的东西，如时针、松针、别针等。"针"在中医上还指用扎针治病，如针灸。"针"还指注射用的器具和药物，如针头、针管、止痛针、消炎针。此外，"针"还可以做量词用，如扎两针等。

【字源演变】

金文　　小篆　　隶书　　楷体

金文　　小篆　　隶书　　楷体

【说文解字】

　　樂鐘也。秋分之音，物種成。从金童聲。古者垂作鐘。

　　鍾，酒器也。从金。重聲。職容切。

【基本解释】

　　"鐘"，本意是乐钟，代表秋分时节的音律；秋分时物种成熟，权贵人家会让家中少年奴仆（即"童"）用杵撞击金属大钟，以庆丰收，所以"钟"字用"金"作偏旁，"童"作声旁。"鍾"由"金"和"重"组成，本义是盛酒的金属器皿，比盅略大。

　　汉字简化时，这两个字统一简化为"钟"，现在的"钟"可以指金属制成的响器，中空，敲时发声，如警钟、编钟，也指计时的器具，如钟表；还用来指某个一定的时间，如一个钟头。

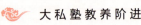 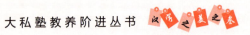
	部首：钅，笔画：9。
gāng **钢**	六书：形声
	笔顺：钢钢钢钢钢钢 钢钢钢

	部首：钅，笔画：10。
qián **钱**	六书：形声
	笔顺：钱钱钱钱钱钱 钱钱钱钱

〖字源演变〗

小篆　　　隶书　　　楷体

〖字源演变〗

小篆　　　隶书　　　楷体

〖说文解字〗

炼铁也。

〖说文解字〗

铫也。古田器。从金戋声。《诗》曰："庤
乃钱镈。"

〖基本解释〗

"钢"，从字形看，左边是"钅"，表示金属；右边是"冈"，表示读音，其本义是"铁"和"碳"的合金，比生铁坚韧，比熟铁质硬。沈括在《梦溪笔谈》讲解了钢的锻造过程，李时珍在《本草纲目》里介绍了钢的种类。作为特殊的不含杂质的铁，钢是工业上极其重要的原料。我们现在一直用的还是"钢"的本义，如钢笔、钢板、钢铁。

〖基本解释〗

"钱"，从小篆字形看，左边是"金"，表示金、铜币；右边是"戋"，表示读音，其本义是"锹"，即铁铲。上古时期曾以农具作为交易物，后来又仿照它的形状铸造货币，如先秦时期的"布币"，它的形状就是仿照当时的生产工具"铲"制造的，后来引申为货币，如钱币、金钱、钱包等；"钱"也引申为财物，如有钱有势；也可单指铜钱，或形状像铜钱的东西，如榆钱儿；"钱"还是一个重量单位，10钱等于1两。

部首：钅，笔画：10。

六书：形声

笔顺：铁铁铁铁铁铁铁铁铁铁

部首：钅，笔画：11。

六书：形声

笔顺：银银银银银银银银银银银

【字源演变】

籀文　小篆　隶书　楷体

【字源演变】

小篆　隶书　楷体

【说文解字】

黑金也。从金戴声。

【说文解字】

白金也。从金艮声。

【基本解释】

"铁"的小篆字形左边为金字旁，由"或"和"壬"组成，表示用以制造守城武器的金属，所以"铁"的本义是一种有一定延展性和磁性、可锻造刚硬武器的黑色金属。"铁"作为一种金属元素，在工业上被广泛使用，如铁水、钢铁；"铁"还引申为坚硬、确定不移、刚正的意思，如铁蹄、金戈铁马、铁证、铁面无私等；"铁"还是兵器的代称，如手无寸铁。

【基本解释】

从小篆字形看，"银"字的左边是"金"，表示一种金属；右边是"艮"，表示读音，其本义是一种仅次于黄金的金属。

现在，"银"是一种金属元素，可以制货币和器皿、电子设备、感光材料、装饰品等，如银饰、银镯；"银"也指一种货币，旧时用银铸成块的，称银子或银元、银币，现代汉语中的"银行"一词也与钱有关；"银"也指一种颜色，如银白、银发、银河等。

	部首：钅，笔画：12。
	六书：形声
	笔顺：销销销销销销销销销销销**销**

	部首：钅，笔画：15。
	六书：形声
	笔顺：镇镇镇镇镇镇镇镇镇镇镇镇镇镇**镇**

【字源演变】

小篆　　隶书　　楷体

【字源演变】

小篆　　隶书　　楷体

【说文解字】

鑠金也。从金肖聲。

【说文解字】

博壓也。从金眞聲。

【基本解释】

"销"字由"肖"和"金"组成。"肖"指变小变细，也指读音；"金"指金属。"金"与"肖"合起来，表示固体金属块在高温中逐渐变小变细，最后化为液体而消失，所以"销"的本义是固体金属块完全熔化，后来引申为去掉、花费的意思，如报销、开销、销账；以及出卖货物，如销路、供销、销售；此外，"销"也指机器或器物上像钉子的零件，如插销等。

【基本解释】

"镇"字左边是"金"，表示与金属有关；右边是"真"，是"填"的省略，表示填压，也表示读音，所以，"镇"是施压的意思，比如用金属玉石等制作的尺形文具，在写字画画时压住绢帛，这叫"镇尺"。慢慢经过时代变迁，"镇"引申为对一个区域进行武力压制不许进行政治活动以维持安定，如镇压、镇守、镇定等。"镇"作为名词还引申为控管、防守的要地，以及行政规划单位，如边防重镇、城镇等。

| 部首：王，笔画：8。 |
| 六书：形声 |
| 笔顺：环环环环环环环环 |

| 部首：王，笔画：10。 |
| 六书：会意 |
| 笔顺：班班班班班班班班班班 |

【字源演变】

小篆　　　隶书　　　楷体

【字源演变】

金文　　小篆　　隶书　　楷体

【说文解字】

璧也。肉好若一謂之環。从玉睘聲。

【说文解字】

分瑞玉。从刀。

【基本解释】

"环"字左边是玉字旁，表示与美玉有关；右边的"睘"是声旁，表示转着圈看，其本义是玉环，是一种中间有孔的圆形玉器，后来逐渐引申为圆形中空的东西或者许多相互关联的事物中的一个，如花环、耳环、环环相扣等。"环"也可以做量词，表示数量，如打靶打出了十环。"环"还能表示围绕等动作，例如环视四周、环海等，都带有沿着四周或是圈状地发出动作的意思。

【基本解释】

从"班"字的金文字形看，中间是"刀"，左右是"玉"，像用刀割玉。在《说文解字》里，"班"指分瑞玉。瑞玉是古代玉质的信物，从中间一分为二，两人各拿一半作为信物，后引申为一群人按次序排成的行列，如排班、按部就班，"班"还用来表示工作或学习的组织，如班级；我们工作的时候按时候分成的段落，可以说早班、晚班；"班"也指工作场所，如值班。在大一点儿的单位，会有上下班的班车，这里的"班"是定时发出的意思。"班"还可以作为量词使用，也可以用于定时开行的交通运输工具，如航班。

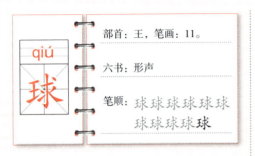

qiú **球**	部首：王，笔画：11。 六书：形声 笔顺：球球球球球球 球球球球球

lǐ **理**	部首：王，笔画：11。 六书：形声 笔顺：理理理理理理 理理理理理

【字源演变】

小篆　　隶书　　楷体

【说文解字】

玉声也。从玉求声。璆，球或从翏。

【基本解释】

"球"，在古代指两个字："球"和"毬"。在汉字简化的时候，用"球"合并了字形复杂的"毬"。

"球"，从小篆字形看，左边是斜玉旁，表示美玉；右边是"求"，表示读音，其本义为玉石相击发出的声音。"毬"，从字形看，左边是"毛"，表示柔软毛料；右边是"求"，表示读音。本义是里面装满弹性毛料、外面裹着兽皮的弹性圆体，是游戏用具，用脚踢或用棍子击打，古代又叫"鞠丸"，也就是毛皮球。现在，"球"引申为圆球形的物体，如圆球、气球等；也用来指球形的体育用品、球类运动，如排球、篮球、球迷。还可以指形体，特指地球，如誉满全球。

【字源演变】

小篆　　隶书　　楷体

【说文解字】

治玉也。从玉里声。

【基本解释】

"理"的本意是加工玉石。从小篆字形上看，左边是形旁"玉"字旁，右边是"里"，表示读音。在古代，"玉"和"王"的写法非常接近，不同的是："玉"字的三横均匀分布，且长短一样；后来隶书"玉"在"王"字上加一点指事符号，变成指事字，以区别于"王"。

现在我们多用"理"的引申义，即按事物本身的规律或依据一定的标准对事物进行加工、处置，如理财、自理等；"理"还用来表示纹路、层次以及客观事物本身的次序，如条理。"理"也可用来表示事物的规律，是非得失的标准、根据，如理解、理想等。

部首：酉，笔画：10。

六书：形声

笔顺：配配配配配配配配配配

部首：酉，笔画：14。

六书：形声

笔顺：酸酸酸酸酸酸酸酸酸酸酸酸酸酸

〖字源演变〗

甲骨文　金文　小篆　隶书　楷体

〖说文解字〗

酒色也。从酉己聲。

〖基本解释〗

"配"，甲骨文字形像一个人跪坐在酒坛旁边，正在调配酒料，因此本义为调酒。后引申为（人或动物）两性结合，或单指配偶（多指妻子），如婚配、原配、配种等；也有调配、分配，或将物品补足的意思，如配套、配乐、配置、配料。"配"在多者对比的情况下使用，表示衬托、陪衬的意思，如配角儿、配搭，也含有配得上、是否符合的含义。古时，人们把罪人流放到边远地区充军称为"配"，如发配等。

〖字源演变〗

小篆　隶书　楷体

〖说文解字〗

酢也。从酉夋聲。關東謂酢曰酸。

〖基本解释〗

"酸"的小篆字形，左边"酉"，指酒坛，这里代指醋，"夋"小孩站立不稳，整个字表示醋让人牙根发软，所以"酸"的本义是"醋"，一种调料。我们现在常用的是"酸"的引申义，指像醋的气味或味道，如酸菜、酸溜溜、酸梅、酸奶、酸枣等。"酸"也常用来嘲笑别人迂腐，如穷酸、寒酸；还指伤心、悲痛，如心酸、酸楚。此外，"酸"也可用来表示因疾病或疲劳引起的筋肉微痛而无力的感觉，如酸痛、腰酸腿疼等。

"酸"还指在化学上能在水溶液中产生氢离子的化合物，分无机酸、有机酸两大类，如盐酸、碳酸等。

yì 益	部首：皿，笔画：10。 六书：会意 笔顺：益益益益益益 益益益益

méng 盟	部首：皿，笔画：13。 六书：形声 笔顺：盟盟盟盟盟盟 盟盟盟盟盟盟 盟

〖字源演变〗

甲骨文　金文　小篆　隶书　楷体

〖说文解字〗

饶也。从水皿。皿，益之意也。

〖基本解释〗

"益"是"溢"的本字，如《吕氏春秋》中的"澭水暴益"。"溢"字的甲骨文字形像水高出了盛水的器皿，要溢出来，因此其本义为富饶有盈余。古人造字，大自然中流动的水多是纵向表示，而容器中的水则用横向表示。后来"益"字水横溢的本义消失后，再加"水"另造"溢"代替。

"溢"后来又引申为增加，如益寿延年；还可以指更加的意思，如日益壮大；此外还有好处的意思，如利益、公益、受益匪浅。

〖字源演变〗

甲骨文　金文　小篆　隶书　楷体

〖周　　禮〗

从囧，从血。盟，篆文，从明。盟，古文从明。

〖基本解释〗

从甲骨文、金文字形看，"盟"字上面是日、月的形状，下面是"皿"代表容器。日、月为"明"，本指日月，引申一指天地，二指未来（日月相推为明），也表示读音。"明"与"皿"联合起来表示白天对着太阳舀半盆水，月夜对着明月舀半盆水。古文中这里的水为"明水"，本义是在日月作证之下，参加大会的人在盆前起誓结义。《周礼》上说，"诸侯国之间出现矛盾时就相互结盟。十二年聚会一次。"现在"盟"指团体和团体、或国与国的联合，如同盟国等；"盟"还有结拜的含义，如盟兄、盟弟。

部首：曰，笔画：12。

六书：会意

笔顺：曾曾曾曾曾曾
曾曾曾曾曾曾

部首：八，笔画：8。

六书：会意

笔顺：具具具具具具
具具

【字源演变】

甲骨文　金文　小篆　隶书　楷体

【字源演变】

金文　小篆　隶书　楷体

【说文解字】

词之舒也。从八从曰，囟声。

【说文解字】

共置也。从廾，从贝省。古以贝为货。

【基本解释】

从甲骨文的字形看，"曾"像蒸汽从竹圈垫上升起来，金文在竹垫下加∀，像锅形。有的金文在"口"（代指锅）中加一横指事符号，表示锅中有水，其造字本义是把食物放在锅中的竹圈垫上蒸熟。当"曾"的蒸熟本义消失后，再加"瓦"另造"甑"代替，表示用瓷器做蒸具。《说文解字》中说，"曾"是虚词中表示舒缓语气的助词，也可能是"曾"作为器具的本义消失后，被假借为语气词了。

现代汉语里，"曾"是个多音字：读 zēng 时，指与自己中间隔两代的亲属，如曾祖父、曾孙等。读 céng 时，表示从前经历过，如曾经、未曾、曾几何时。

【基本解释】

"具"是"俱"的本字，从甲骨文字形看，像双手捧着盛物品或食物的器皿。可见这是一个隆重的场合，主人认真准备，拿出高档酒具食器，招待来宾。后来这个本义消失了，又加"亻"另造"俱"代替，而"具"则引申指器皿、用具。后来引申为器物，如餐具、文具等；还有备、办等意，如具有、具备等；"具"还可以用做量词，用于描述某些器物和棺材等，如一具棺材、座钟一具。

部首：礻，笔画：7。

六书：会意

笔顺：社社社社社社社

部首：礻，笔画：9。

六书：形声

笔顺：神神神神神神神神神

【字源演变】

金文　小篆　隶书　楷体

【说文解字】

地主也。从示土。《春秋傳》曰："共工之子句龍爲社神。"周禮：二十五家爲社，各樹其土所宜之木。

【基本解释】

从金文字形看，"社"字的左边是"示"，表示祭神；右边上面是"木"，下面是"一"，代表大地，代表土地上生长的万物；也有的金文直接把右边写成"土"，先民们在祭祀场所植树，或者聚土成墩。在汉字中，"一"既可代表天，也可以代表地。所以，"社"的本义是指在村落田间种树、并聚垒出巨大土墩，供人们敬拜祭祀天地神灵，后引申为祭祀神灵的祭礼和场地，如春社、社稷等；后"社"也指行政区划单位、团体或组织机构，如报社、社团、公社等。

【字源演变】

金文　小篆　隶书　楷体

【说文解字】

天神，引出萬物者也。从示申。

【基本解释】

从甲骨文字形看，"神"字的左偏旁为"示"，表示祭拜；右边声旁为"申"，指闪电，古人以为闪电变化莫测，威力无穷，故称之为神，所以"神"字本义是传说中的天神，即天地万物的创造者或主宰者，具有超人的意志和力量，如神仙、神农；后引申为不可思议的、稀奇的、不平凡的，如神奇、神话、神机妙算、神速等；"神"也指心思、注意力、精神等，如神清气爽、神色、神采。

部首：礻，笔画：13。

六书：形声

笔顺：福福福福福福福福福福福福福

部首：卜，笔画：5。

六书：会意

笔顺：占占占占占

【字源演变】

甲骨文　金文　小篆　隶书　楷体

【说文解字】

祐也。从示畐聲。

【基本解释】

从甲骨文字形看，"福"像一个人双手捧着一个大酒坛，在祭坛前求神赐福的样子，所以"福"的本义是用美酒祭神，祈求神灵保佑，富足安康。金文"福"调整字形为左右结构，将甲骨文的"示"写成"礻"。篆文又将金文的酒坛形状误写成"畐"。现在，"福"引申为指一切顺利、幸运，如福气、享福、造福、祝福。中国有春节的时候在家里贴"福"字的习俗，以祈求平安、幸福。

【字源演变】

甲骨文　小篆　隶书　楷体

【说文解字】

占，视兆問也。从卜从口。

【基本解释】

从甲骨文字形看，"占"字的上部是"卜"，表示问卜；下部是"口"，表示卜者预告吉凶，其本义是占卜问卦、推测吉凶的意思，即主持祭祀的人在祭祀后察看甲骨的裂纹或蓍草排列的情况取兆，来推测吉凶。

"占"在现代汉语里有两个读音：zhàn和zhān，表示卜问上天来预知未来的，"占"读zhān，如占卜、占卦；读zhàn的时候，古字写作"佔"，后简化为"占"，是指将自己的氏族、姓名等信息刻在物品上，显示对该物的拥有权，本义是据有、拥有，如占有、强占、占据；也指处于某种地位或情势，如占理、占优势。

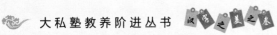

部首：刂，笔画：6。

六书：会意

笔顺：刑刑刑刑刑**刑**

部首：刂，笔画：6。

六书：形声

笔顺：划划划划划**划**

【字源演变】

金文　小篆　　隶书　　楷体

【说文解字】

罚辠也。从井从刀。《易》曰："井，法也。"井亦聲。

【基本解释】

"刑"字的金文字形中，左边是"井"中加一点，表示水井，据说上古时候有个叫伯益的人最早发明了水井，后来中间一点消失写成"井"，又误写成开、开，这里应做声旁；右边是"刀"，表示刑具。"刑"的本义是对犯罪的处罚，惩罚犯法的人，现代汉语依然保留了"刑"的本义，如刑罚、服刑等；也特指对犯人的体罚，如刑讯、受刑、刑具等。

【字源演变】

小篆　　　隶书　　　楷体

【说文解字】

錐刀曰劃。从刀从畫，畫亦聲。

《廣韻》：划，撥進船也。

【基本解释】

"划"是"劃"的简化字。在古代，"划"和"劃"是意义不同的两个字。"划"，由"戈"和"刂"组成，本义是"拨水前进"，如划舟、划桨。"劃"左边是"画"，表示划线、划界，也表示读音；右边是"刀"，表示用刀刻、割。本义是用刀锥刻画、分界，如划归、划账。

现在，"划"是个多音字，读huá时，保留了"划"的本义，指用桨拨水使船行动，也表示用刀或其他东西把物件分开或从物件上面擦过，如划了一道口子；读huà的时候，主要指分开、分拨、归入，如划分、计划、策划等。"划"还当"笔""道"讲，如一笔一划。

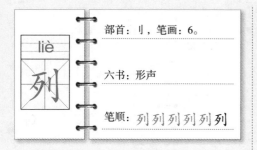

部首：刂，笔画：6。

六书：形声

笔顺：列列列列列列

部首：刂，笔画：6。

六书：会意

笔顺：则则则则则则

【字源演变】

小篆　　隶书　　楷体

【字源演变】

小篆　　隶书　　楷体

【说文解字】

分解也。从刀歺声。

【说文解字】

等畫物也。从刀从貝。貝，古之物货也。

【基本解释】

　　"列"的本义是分解、割裂的意思。从小篆字形看，"刀"为偏旁，表示与刀有关；左边"歺"的三条曲线表示流血的样子；"凡"是夕，指肉体，整个字表示用刀割肉，即上古时期的一种酷刑；肢解割肉的极刑，即活剐，并把肢解后的肉体分别摆放陈列，后来引申为依序摆放，并排在一起，今天都用引申义，本义已消失。"列"还用来指摆出、安排于某类事务之中，如列席、列举；"列"也用来表示众多、各个的意思，如列位、列传。作为量词使用时，"列"表示成行列的事物，如一列火车。

【基本解释】

　　"则"字形由"刀""贝"组成，本义是均等划分财物。古代的时候，贝壳的作用和我们今天的货币一样，所以"贝"是古代表示财物的符号。右侧的立刀旁，形象地表示切的动作，所以该字的意思为划分财物。

　　现在，"则"引申为模范，如以身作则；也表示规程、制度，如规则、原则、细则；"则"还表示因果关系，可以解释为就、便，如闻过则喜；此外，"则"还作为量词使用，指成文的条数，如新闻两则。

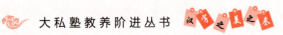
gāng 刚	部首：刂，笔画：6。
	六书：会意
	笔顺：刚刚刚刚刚父

chuàng 创	部首：刂，笔画：6。
	六书：形声
	笔顺：创创创创创创

【字源演变】

【字源演变】

【说文解字】

彊斷也。从刀岡聲。佀，古文剛如此。

【说文解字】

创，始也。

【基本解释】

　　甲骨文的"刚"，由"网""人"组成，"网"指猎捕工具，"人"指猎人，合起来表示勇敢的猎人持捕网行猎或作战。金文加"山"，表示古代男子手持猎网在山野捕猎。篆文承续金文字形。楷书误将隶书的"人"写成"刂"；俗体楷书省去正体楷书的"山"。"刚"的本义是勇敢的猎人持网在山野捕捉野牛等大型动物。"刚"后来引申为坚强、勇敢之意，形容坚硬的，如刚强、刚烈、刚正不阿。"刚"还可做副词，表示恰好、恰巧，如刚好、刚才。

【基本解释】

　　"创"，从小篆字形看，左边是"仓"，表示读音；右边是"刀"，指刀斧，表示用刀斧砍凿，建造房屋。后来又引申为开辟、创新，从无到有开始做，如创作、创始、首创。现代汉语中，"创"是多音字，做上述意思解时，"创"读作chuàng；当作为损伤、伤害、受伤的意思讲时，读chuāng，如创伤、创口贴。

部首：刂，笔画：7。

六书：形声

笔顺：判判判判判判判

部首：刂，笔画：7。

六书：会意

笔顺：利利利利利利利

【字源演变】

小篆　　隶书　　楷体

【说文解字】

分也。从刀半聲。

【基本解释】

　　"判"的本字是"半"，表示解牛、分解，后在右侧加"刀"，强调用刀解牛，从小篆字形可以看出来，"半"字就是上面"八"，下面"牛"，表示把牛分解。引申为把一个整体从中间分开，有分辨的意思，如判别、判断；如果表示二者截然不同，可以说判若两人；"判"也有评定的意思，赛场上负责评定的人叫"裁判"，在法庭上的评定叫"审判"，如谈判、判卷子等。

【字源演变】

甲骨文　金文　小篆　隶书　楷体

【说文解字】

　　銛也。从刀。和然後利，从和省。《易》曰："利者，義之和也。"

【基本解释】

　　"利"的本义是"銛"，一种金属农具。从字形看，左边是"禾"，右边是"刀"。《说文解字》中说，"禾"是省略了"口"的"和"，认为双方和谐之后才会各自获得利益。《易经》上说，利益是道义相和的结果。所以"利"后来引申为好处，与"害""弊"相对，如利弊、利害、兴利除弊等。"利"还指从事生产、交易、储蓄所得超过本钱的收获，也叫利息、利润。"利"还用来表示使顺利或得到好处，如毫不利己，专门利人。"利"还用来表示现实与愿望相符，常用于节日的祝福，如吉利、顺利等；"利"还专指刀口快，针尖锐利，与"钝"相对，如利刃、利落、利剑等。

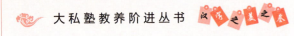
	部首：刂，笔画：8。
zhì 制	六书：会意
	笔顺：制制制制制制 制制

	部首：刂，笔画：8。
kè 刻	六书：形声
	笔顺：刻刻刻刻刻刻 刻刻

【字源演变】

【说文解字】

裁也。从刀从未。未，物成有滋味，可裁断。一曰止也。

【基本解释】

从金文字形看，"制"的左边是"未"，表示树梢；右边是"刀"，表示用刀修剪。所以"制"的本义是裁断、制作。"製"字，上边的制有修剪的意思，也指读音；下面是"衣"，形旁，本义是剪裁布料，缝制衣服。

汉字简化时，"制"合并了"製"。现在我们常用的是"制"的引申义，有规定、限定、约束的含义，如因地制宜、节制等；还有法规、制度的意思，在古代，帝王的命令叫制诰，为父母守丧叫守制。"制"还可作动词，表示造、做，如制造、制图等。

【字源演变】

【说文解字】

镂也。从刀亥声。

【基本解释】

"刻"，从小篆字形看，左边是"亥"，相当于"咯咯"的响声，也表示读音；右边是"刀"，表示与刀有关，合起来表示用刀雕镂东西。

现代汉语中，仍使用本义，如刻字、刻舟求剑。古代用漏壶记时，一昼夜共一百刻；现在用钟表计时，一刻等于十五分钟，即一刻钟。"刻"还指时间，如此刻、时刻、刻不容缓。此外，"刻"还用来形容不厚道、程度深，如尖刻、苛刻、深刻、学习刻苦等。

部首：刂，笔画：8。

六书：形声

笔顺：剂剂剂剂剂剂剂剂

部首：刂，笔画：10。

六书：形声

笔顺：剧剧剧剧剧剧剧剧剧剧

【字源演变】

小篆　　隶书　　楷体

【说文解字】

齐也。从刀从齊，齊亦聲。

【基本解释】

　　从小篆字形看，"剂"字左边是"齐"表示读音；右边是"刀"，做形旁，表示与刀有关，其本义是用刀修剪整齐，后引申为按一定份量和比例调制而成的材料，如针剂、麻醉剂、杀虫剂等；在做馒头或饺子等面食时，从和好的面上分出来的小块儿，可以叫面剂儿、饺子剂儿。"剂"在现代汉语中也可以作为量词使用，如一剂良药。

【字源演变】

小篆　　隶书　　楷体

【说文解字】

尤甚也。从刀，未详。豦声。

【基本解释】

　　剧，从小篆字形看，左边是"豦"，指老虎、豪猪等猛兽，加上立刀旁，在古代指一种宫中游戏，让奴隶持刀斗猛兽，很像古罗马的斗牛。表示读音；《说文解字》说"剧"本义是特别强烈，后来引申为厉害的、猛烈的、迅速的，如剧变、剧痛、加剧等，形容程度特别高；"剧"还从宫中游戏引申为一种文艺形式，指作家按照主题编写剧本，利用舞台由演员化妆演出，如戏剧、京剧、话剧等。

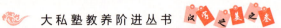
	部首：刂，笔画：11。
fù 刂	六书：形声
副	笔顺：副副副副副副 副副副副**副**

	部首：刂，笔画：8。
dào 刂	六书：形声
到	笔顺：到到到到到到 到**到**

【字源演变】

小篆　　　隶书　　　楷体

【字源演变】

金文　　小篆　　隶书　　楷体

【说文解字】

判也。从刀畐聲。《周禮》曰："副辜祭。"

【说文解字】

至也。从至刀声。

【基本解释】

"副"，从小篆字形看，左边是"畐"，表示读音；右边是"刀"，做形旁，表示与刀有关。"副"的本义是用刀剖开，即分解、分割的意思。

《说文解字》说，"副"即"判"，就是对半分，古时候，人们劳动所得是实物，所以分配是否公平取决于物品分割是否合理，因此产生大量分割物品的词汇，应当是各有侧重，如分割葫芦，纵切瓢是"判"，横切则为"断"。现代汉语里，"副"表示次要的、辅助的、第二位的，区别于"正""主"，如副手、副官、副业；"副"做动词时，意为相配、相称，如名实相副；"副"还当量词用，如一副手套、全副武装。

【基本解释】

"到"是个形声字，从小篆字形看，左边是"至"，右边是"刀"，表示读音。"到"的本字是"至"。"至"，表示回到家中，倒在床上休息。"至"的回家本义消失后，金文再加"人"另造"到"代替。篆文误将"人"写成"刀"。后来"到"的回抵家中的本义又被另造的"倒"字代替。

"到"的本义是到达，《水经注·江水》中的"朝发白帝，暮到江陵"用的就是本义。"到"还有去往、从别处来的意思，如到达、到来，"到"还表示动作完成，如办到、得到；还有想得周全的意思，如周到、面面俱到。

部首：宀，笔画：7。

六书：会意

笔顺：别 别 别 别 别 别 别

【字源演变】

小篆　　隶书　　楷体

【说文解字】

剔人肉置其骨也。

【基本解释】

　　"别"字的左边为"凸"，表示骨头；右边为刀，像用刀剔骨头的样子，其本义是分解，后引申为分离，如离情别绪、分别、告别等；又引申为二者之间的不同，如天壤之别、差别、类别。此外，"别"还引申为另外的、不同的，如别人、别墅，杨万里"映日荷花别样红"里的"别"也就是这个意思。别字的"别"是错的意思。

　　在汉字简化的时候，"别"还合并了字形复杂的"彆"，"彆"的本义是用弓末两端的反曲部分将弓弦勾住。现在一般和"扭"组成"别扭"，表示不顺心。"别"读biè，"扭"要读轻声。

部首：刀，笔画：4。

六书：形声

笔顺：切 切 切 切

【字源演变】

小篆　　隶书　　楷体

【说文解字】

刌也。从刀七聲。

【基本解释】

　　"切"，从小篆字形看，左边是"七"，表示读音；右边是"刀"，表示与刀有关，其本义是用刀把物体分割开，断开的意思。

　　现代汉语里，"切"是个多音字：读qiē时，沿用了"切"的本义，表示用刀从上往下用力，也引申为点压阻截，如切除、切脉、切磋；读qiè时，引申出贴近、紧急、实在、务实等含义，如切身、迫切、恳切等。

部首：片，笔画：4。

六书：会意

笔顺：片 片 片 片

部首：十，笔画：5。

六书：会意

笔顺：半 半 半 半 半

【字源演变】

甲骨文　小篆　隶书　楷体

【说文解字】

判木也。从半木。凡片之属皆从片。

【基本解释】

凡，片本为一个字，后分化；"爿"指床板，"片"则指被劈开的木块。所以"片"字本义是将木头劈开，分成两半，读piàn，还有不全的、零星的意思，如片面、片刻；也指较大地区内划分的较小地区，如分片儿、划片儿；"片"常常用来描写平而薄的东西，做量词时，可以形容成片的东西、地面和水面，或用于景色、气象、声音、语言、心意等，如一片欢呼声，一片庄稼地等。读piān时，只是指薄的东西，如影片、相片儿、唱片儿等。

【字源演变】

金文　小篆　隶书　楷体

【说文解字】

物中分也。从八从牛。牛为物大，可以分也。凡半之属皆从半。

【基本解释】

"半"，从甲骨文字形看，上面是一个"八"字，是分解的意思；下面是"牛"字，因为体型比较大，易于分割，所以用牛来作为分割的对象。本义是一半，即把一个物体平分，所得到的部分，也就是二分之一。唐代诗人白居易《琵琶行》"犹抱琵琶半遮面"中的"半"就是指挡住了一半的脸。现在我们也常用到"半"的本义，如半山腰、半圆、半夜等。后来"半"引申表示不完全的，如多半、半岛、半透明等。有时候"半"也用来比喻极少的，如一星半点。

部首：心，笔画：5。

六书：形声

笔顺：必必必必必

部首：曰，笔画：7。

六书：形声

笔顺：更更更更更更更

【字源演变】

甲骨文　金文　小篆　隶书　楷体

【字源演变】

甲骨文　金文　小篆　隶书　楷体

【说文解字】

分极也。从八弋，弋亦声。

【说文解字】

改也。从攴丙声。

【基本解释】

甲骨文的"必"字，字形像一个滴水的水勺，象征水勺的勺柄部位，金文字形在"戈"的手柄上加两竖指事符号，表示戈柄的护层，"必"的小篆字形由"八"和"弋"组成，"八"表示分，"弋"即杙，指小木桩，也表示读音，合起来指用木杆做枪械的手柄。在古战场上，战士手持武器打仗，手柄不结实会影响战士的性命，所以手柄是"必须"的保障。后来加"木"另造"柲"字代替本义，"必"则引申为非有不可的、一定、确实的意思。如必然、未必、事必躬亲等。《论语》"三人行，必有我师焉"中的"必"也是一定的意思。

【基本解释】

"更"，从甲骨文的字形看，上边是 ，表示穴，指石钟；下部是手拿木锤，表示敲击的意思，"更"字的本义是手持木锤在整点时刻敲钟向公众报时。金文误将甲骨文的石钟形象 写成"丙"（有柄穿过的石器）。隶书又误将篆文的"丙""攴"连写成"更"。

现代汉语"更"是多音字，从报时的本义引伸出变更、改变的意思，读 gēng，如更正、更衣、更换。当副词用，表示愈加、再的意思时，读 gèng，如更加、更好、更上一层楼。

yǐn 引	部首：弓，笔画：4。 六书：会意 笔顺：引 引 引 引

xián 弦	部首：弓，笔画：8。 六书：形声 笔顺：弦 弦 弦 弦 弦 弦 弦 弦

【字源演变】

甲骨文　金文　小篆　隶书　楷体

【说文解字】

開弓也。从弓丨。

【基本解释】

　　"引"字的甲骨文、金文字形都像弓箭被拉开，所以其本义是开弓，张弦未发。后引申为拉、伸的意思，如引力、牵引、引吭高歌，还引申为领、招来的意思，如引导、引领、抛砖引玉等；"引"也有退却的意思，如引退；"引"也是古代的长度单位，一引等于十丈。

　　在甲骨文中，箭竖立在弓后为"引" ，箭只横穿弓中为"射" 。

【字源演变】

小篆　隶书　楷体

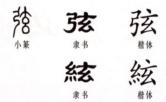

隶书　楷体

【说文解字】

　　弓弦也。从弓，象絲軫之形。凡弦之屬皆从弦。

【基本解释】

　　"弦"，从小篆字形看，右边是玄，即"幺"，一种细单线，也表示读音，本义是紧绷在弓的两端、以其弹力射箭的牛筋。在汉字简化的时候，"弦"合并了"絃"，在古文中，这是两个不同的字。"絃"是乐器上绷紧的丝线或金属丝。

　　现代汉语里，"弦"保留了本义，指弓弦也指乐器上发声的线，如琴弦、续弦（古人以琴瑟喻夫妻，故又以"断弦"喻丧妻，以"续弦"喻再娶）。

部首：戈，笔画：8。

六书：会意

笔顺：或或或或或或或或

部首：戈，笔画：9。

六书：形声

笔顺：战战战战战战战战战

【字源演变】

小篆　　隶书　　楷体

【说文解字】

邦也。从口从戈，以守一。一，地也。域，或又从土。

【基本解释】

"或"，从小篆字形看，右边是"戈"，指武器；左边的"口"是城邑，也指疆界，"口"下一横是指事符号，代指守城的卫士，（有的字形用"⬚"表示）整个字表示需要用武装保卫的城邑或国土，所以"或"的本义是指由军队守护的一方疆域。后来演化出"國"和"域"分别表示"或"的本义，"或"则引申为"或许，也许"的意思。"或"还含有选择的含义，如或多或少；有时候也可表示稍微，如不可或缺等。

【字源演变】

小篆　　隶书　　楷体

【说文解字】

鬭也。从戈單聲。

【基本解释】

从小篆字形看，"战"的左边是"单"，即"弹"，弹弓，是一种射击工具，表示读音；右边是"戈"，在古文字中表示武器，其本义是用弹弓、干戈为武器打斗拼杀。

在现代汉语里，"战"还保留了本义，多指打仗，以及与战争相关的事物，如战争、战机、战术、战略等；"战"还泛指争斗，比高下，如论战、争战等；此外，也用来形容身体或心理发抖、害怕，如寒战、胆战心惊等。

kè 克	部首：十，笔画：7。
	六书：象形
	笔顺：克克克克克克克

bù 不	部首：一，笔画：4。
	六书：象形
	笔顺：不不不不

【字源演变】

甲骨文　金文　小篆　隶书　楷体

【字源演变】

甲骨文　金文　小篆　隶书　楷体

【说文解字】

肩也。象屋下刻木之形。凡克之属皆从克。

【说文解字】

鸟飞上翔不下来也。从一，一犹天也。象形。凡不之属皆从不。

【基本解释】

小篆字形中，"克"的上部是省略的"高"字（省略了下面的部分），下部是"尸"，表示与人有关，合起来表示使物体处于高于人的位置，即放在肩上。"克"字的本义是用肩扛，即用肩承担。也有的说"克"在甲骨文和金文中，都是人穿戴甲胄的样子，因此"克"的本义是指战胜、打败对方，如攻克、克敌制胜；后来"克"引申为削减，又引申为能胜任，如克制、以柔克刚。再虚化为助动词，表示能。"克"还表示一种公制的质量单位。

【基本解释】

从"不"的甲骨文字形看，其字形像一只鸟在天上飞的样子。按照《说文解字》中的说法，"不"的本义是鸟在天上飞、不下来的样子。后来凡是说"不是这样"的，都从这个本义引申假借，即用来表示否定。

现代汉语里，"不"字多用在动词、形容词和其它词前面表示否定或加在名词或名词性语素前面，构成形容词，如不去、不多、不速之客、不学无术；有时候表示自谦，指才能平庸，可以说"不材"。

	部首：田，笔画：5。
jiǎ 甲	六书：象形
	笔顺：甲甲甲甲甲

	部首：乙，笔画：1。
yǐ 乙	六书：象形
	笔顺：乙

【字源演变】

甲骨文　金文　小篆　隶书　楷体

【字源演变】

甲骨文　金文　小篆　隶书　楷体

【说文解字】

東方之孟，陽气萌動，从木戴孚甲之象。一曰人頭空爲甲，甲象人頭。凡甲之屬皆从甲。

【说文解字】

象春艸木冤曲而出，陰气尚彊，其出乙乙也。與丨同意。乙承甲，象人頸。凡乙之屬皆从乙。

【基本解释】

从小篆字形看，"甲"字像春天草木发芽后头戴种皮的形象，所以"甲"字的本义就是种籽发芽后所戴的种壳。后来由种子的硬壳引申为爬行动物身上的硬壳、手指和脚趾上的角质硬壳或围在人体或物体外面起保护作用的用金属、皮革等制成的东西和现代用金属做成有保护功能的装备，如指甲、龟甲、盔甲、装甲车等。

此外，"甲"在古代称假借为天干的第一位，天干地支是古代汉族用来纪年的历法。由此，"甲"作为顺序第一的代称，也引申为排在第一位的，如甲等、桂林山水甲天下。

【基本解释】

"乙"字，像初春草木弯弯曲曲长出地面，这时大地的阴气还很强大，草木只能艰难地破土冒出。古人用"乙"表示草木长出地面，这构思与用"丨"表示引而向上相同。

现在很少用到"乙"的本义。在天干顺序中，"乙"位于"甲"之后。由天干的第二位，"乙"用于顺序第二的代称，后来也引申为代词，指代一方，如甲方乙方、乙型脑炎；

shì 式	部首：弋，笔画：6。
	六书：形声
	笔顺：式式式式式式

gé 革	部首：革，笔画：9。
	六书：象形
	笔顺：革革革革革革革革革

【字源演变】

小篆　　隶书　　楷体

【字源演变】

金文　　小篆　　隶书　　楷体

【说文解字】

法也。从工弋声。

【说文解字】

兽皮治去其毛，革更之。象古文革之形。

【基本解释】

　　从小篆字形看，"式"字下面是"工"，表示工具，即生产、劳动的用具；上面是"戈"，是一种武器。生产劳动工具和武器合在一起，表示使用套路、方法，这也是"式"的本义。古代先民们生活的内容主要是劳动、打仗，因此劳动工具与武器的使用方法至关重要，正如《说解字文》中说的"式"是法则、程序的意思。

　　现在我们常用的是"式"的引申义，即物体外形的样子，如式样、样式；也可以指特定的规格，如格式；还用来指典礼、有特定内容的仪式，如开幕式、阅兵式、升旗仪式等；我们学习数学的时候，还会学到一些公式、算式，这个"式"表明了数字符号之间的关系。

【基本解释】

　　从金文字形看，"革"由""和""组成，""是皮子，""像两只手，合起来像用手拿着皮，所以"革"的本义是指剔剥、去毛的兽皮。篆文误将籀文的双手""连写成口""。《说文解字》里说"革"是将兽皮上的兽毛脱去，对兽皮加工美化处理。现在"革"的本义仍然沿用，如皮革、革履；另外，还引申为改变、取消、除掉的意思，做动词，如革新、革命、革职。

	部首：刀，笔画：6。
zhēng 争	六书：会意
	笔顺：争争争争争争

	部首：木，笔画：6。
shā 杀	六书：形声
	笔顺：杀杀杀杀杀杀

【字源演变】

甲骨文　金文　小篆　隶书　楷体

【字源演变】

甲骨文　金文　小篆　隶书　楷体

【说文解字】

引也。从受厂。

【说文解字】

戮也。从殳杀聲。凡殺之属皆从殺。

【基本解释】

"争"，从甲骨文字形看，好像两只手在相对着拉一物件，像两人争抢一样东西，其本义是争夺。后来引申为努力获得，互不相让，如争夺、竞争、争长论短、"几处早莺争暖树"；还表示力求实现，如争取、争气、争胜等。

【基本解释】

"杀"的甲骨文字形，在大（即指人）的下方做一个被剁的记号，小篆字形中，"杀"表示读音，用右边的"殳"，指兵器，表示与杀戮有关。"杀"字的本义是使人或动物失去生命。现在保留本义，如杀生、杀敌、杀鸡取卵；后引申为战斗、搏斗，如杀出重围；还引申为消减的意思，如杀风景；也有收束的意思，如杀价、杀青。

部首：殳，笔画：9。

六书：形声

笔顺：段段段段段段段段段

部首：凵，笔画：5。

六书：形声

笔顺：击击击击击

【字源演变】

金文　小篆　隶书　楷体

【说文解字】

椎物也。从殳，耑省聲。

【基本解释】

　　从金文字形看，"段"字左上部是"石"，表示岩石；右下部像一只手拿着一个工具，看起来就像一只手拿着工具在凿石头，所以"段"的本义就是用锤子击打石头，开采石材。《说文解字》中也说"段"是使用锥凿物，锥就是一种一头尖的锤子。后来"段"的本义逐渐消失，篆文再加"金"另造"锻"代替。现代汉语里用的都是"段"的引申义，即某些部门的基层组织，如工段、机务段；也表示事物、时间的一节，如阶段、片段、段落；围棋棋手的等级名称也称为"段"，如九段。

【字源演变】

小篆　隶书　楷体

【说文解字】

攴也。从手毄聲。

【基本解释】

　　"毄"的本字是"擊"。从小篆字形看，"擊"有战车，有军械，有手，所以字的本义表示两军对垒，用战车、军械互相进攻厮杀。后来又逐渐引申出攻打、碰撞、敲打等含义，表示两个事物或两方力量等的对抗，如袭击、游击、声东击西、冲击等。

部首：斤，笔画：11。

六书：会意

笔顺：断断断断断断断断断断断

部首：斤，笔画：12。

六书：会意

笔顺：斯斯斯斯斯斯斯斯斯斯斯斯

【字源演变】

小篆　　隶书　　楷体

【说文解字】

截也。

【基本解释】

从小篆字形看，"断"字左边是"𢇍"，即"绝"字，表示用刀将丝、绳切成两段；右边是"斤"，即斧子。两者合在一起表示用刀斧将物体砍成两段或更多部分。俗体的楷书"断"是根据草书的字形，将正体的楷书断中间的两个"丝"简化成了"米"，使切丝的含义完全消失。由"断"的本义引申出截断、截开的意思，如断面、断线；同时又进一步引申为不继续、禁绝，如断粮、断水、断档；有时候也表示判定、决定的意思，如判断、诊断。

【字源演变】

金文　　小篆　　隶书　　楷体

【说文解字】

析也。从斤其聲。《詩》曰："斧以斯之。"

【基本解释】

从金文字形看，"斯"字左边是"其"，指竹篾编织成的开口簸箕；右边是"斤"，指斧子。"其"与"斤"联合起来表示伐竹，将竹片分成编制土簸的细篾丝。现在，"斯"的本义已经消失。引申为这、这个之意，常说斯人、斯时等。另外，"斯"还常出现在一些音译词中，没有实际的意义，比如斯洛伐克、南斯拉夫。"斯"也作为一个姓氏名称单独使用。

shōu 收	部首：攵，笔画：6。
	六书：形声
	笔顺：收收收收收收

gǎi 改	部首：攵，笔画：7。
	六书：会意
	笔顺：改改改改改改改

【字源演变】

小篆　　隶书　　楷体

【字源演变】

甲骨文　小篆　隶书　楷体

【说文解字】

捕也。从攴丩聲。

【说文解字】

改，更也。从攴己。李陽冰曰："已有過，攴之卽改。"

【基本解释】

从小篆字形看，"收"字左边是"丩"，表示读音；右边是"攴"，表示持器械打击，其本义是逮捕。现代汉语还保留着本义，如收监、收审等，后来引申为控制、结束的意思，如收尾、收复；"收"还表示割断成熟的农作物，如收割、麦收，由此引申为获得、接受、聚拢的意思，如收益、收集等；"收"还有放置妥当、藏起来的意思。

【基本解释】

"改"，从甲骨文字形看，像一个小孩儿跪着，旁边有一只手，拿着棍子敲打他，要他改正所犯的过错，有的甲骨文字形还有几个点，是指事符号，表示孩子哭泣流泪。所以"改"字的本义是体罚、训导犯错的孩子，使其悔悟、改正。《易经》中："君子以见善则迁，有过则改"的"改"正是此意。现代汉语保留了"改"的本义，表示变更、更换，如改变、改善、改编、改写等。

	部首：攵或工，笔画：7。
gōng 攻	六书：形声
	笔顺：攻攻攻攻攻攻攻

	部首：攵，笔画：8。
fàng 放	六书：形声
	笔顺：放放放放放放放放

【字源演变】

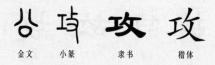

金文　小篆　隶书　楷体

【字源演变】

小篆　隶书　楷体

【说文解字】

擊也。从攴工聲。

【说文解字】

逐也。从攴方聲。凡放之屬皆从放。

【基本解释】

从金文字形看，"攻"左边是"工"，"工"既是声旁也是形旁，表示攀爬用的工具，像梯子等；右边是一只手拿着武器，表示持械击打。"工"和"攴"合起来表示武器、巧械并用。所以"攻"的本义是用武力攻打。正如《说文解字》中说的"擊也"。

现在"攻"字保留着打击的意思，与"守"相对，如攻击、攻占、攻取。此外，"攻"还引申为指责、驳斥的意思，如群起而攻之。也表示致力学习或研究，如攻读。

【基本解释】

"放"的本字是"方"。从金文字形看，古时候，"方"走从旁侧引申为四方边疆，又引申为流放。"放"字的左边是"方"，当"方"的"流放"之意消失后，后来，"方"字承载太多字义，于是另加偏旁部首造出新字。其中，加"攴"（持械击打、惩戒）另造"放"代替流放之意。古时候统治者会在罪犯脸上烙印或刺字，将其驱逐到生活条件恶劣的远疆地区，简而言之，就是驱逐的意思。

现在"放"还保留着字的本义，如放逐、流放、放牧；并引申为扩展、解脱、搁置的意思，如放任、释放、放大。

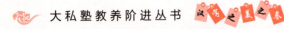

zhèng 政	部首：攵，笔画：9。
	六书：形声
	笔顺：政政政政政政 政政政

gù 故	部首：攵，笔画：9。
	六书：形声
	笔顺：故故故故故故 故故故

【字源演变】

金文　　小篆　　隶书　　楷体

【说文解字】

正也。从攴从正，正亦聲。

【基本解释】

　　"政"字由"攵""正"组成，"正"表示读音；"攵"意为敲击，也有武力攻击的意思。合起来表示用武力征服并统治。后来引申为对国家的匡正、强制管理，也引申为国家权力及管理机关。现在，"政"多指国家事务或者是国家的某一部门主营的业务，如政治、政府、政党、政权等。而与政治所相反的，还有家庭或集体生活中的事务，如家政等。

【字源演变】

金文　　小篆　　隶书　　楷体

【说文解字】

使爲之也。从攴古聲。

【基本解释】

　　小篆的"故"由"古"和"攵"组成，"古"表示老朽而自然死亡，"攵"表示持械攻击。"故"的本义是人为结束老人垂死而痛苦的生命，后引申为死亡，如病故、已故；引申为原因，如缘故。隶书将篆文的"攵"写成"攵"。现代汉语中，"故"用来表示意外的事情，如变故、事故、故障；也引申为有意的、有心的，如故意、故弄玄虚。"故"还可用来表示老、旧、过去的、原来的，如故事、故人、故国、固步自封（安于现状、不思进取的）。

| 部首：攵，笔画：10。 |
| 六书：形声 |
| 笔顺：效效效效效效效效效效 |

| 部首：攵，笔画：11。 |
| 六书：会意 |
| 笔顺：教教教教教教教教教教教 |

【字源演变】

甲骨文　金文　小篆　隶书　楷体

【说文解字】

象也。从攴交声。

【基本解释】

"效"的甲骨文字形，左边是"矢"，指射箭；右边是"攴"，表示持械攻击，其本义是在战斗中射击拼杀。"效"合并了古文"俲"和"効"。"俲"字由"亻"和"效"组成，本义是学习行猎、作战，模仿，取法；"効"本义是奋力拼杀。

现代汉语中，"效"多用模仿、取法的本义，如效法、仿效和上行下效等；另外，功用、成果的意思也比较常用，如效验、效果、成效等；"效"还可以解释为尽、致，如效力。

【字源演变】

甲骨文　金文　小篆　隶书　楷体

【说文解字】

上所施下所效也。从攴从孝。凡教之属皆从教。字上方的爻，是声符。

【基本解释】

从甲骨文字形看，"教"字左上部是"爻"，表示学习数学；左下面是一个小孩儿的样子；右边是一只手拿着鞭子、棍杖，整个字形像老师手拿教鞭，正在督促着一个孩子学习知识。所以"教"字的本义是（老师）在上面操作，（学生）在下面模仿。隶书字形定为"教"。"教"是多音字。本义读jiào，含教导、指导的意思，如请教、教学相长、因材施教、管教等；后引申为让，如风能教船走、教人为难；"教"也指宗教，如佛教、道教。"教"的另一个读音为jiāo，有传授知识的含义，如教书。

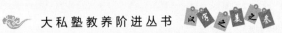

部首：攵，笔画：16。

六书：形声

笔顺：整整整整整整整整整整整整整整整整

部首：攵，笔画：10。

六书：形声

笔顺：敌敌敌敌敌敌敌敌敌敌

【字源演变】

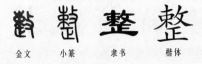

金文　小篆　隶书　楷体

【说文解字】

齐也。从攴从束从正，正亦声。

【基本解释】

从金文字形看，"整"由"攴""束""正"组成，"束"表示捆绑，"正"表示读音，也表示对的合理合法的；"攴"表示攻击，合起来，本义是强力纠正，管理使之正当。

从"整"的本义引申出有秩序、不杂乱，如整治、整改、整编等，多指对于某一区域的治理。从这个意思又引申出刚好的、足数的、无剩余的，如整式、整数、整天。"整"还有修理、修饰之意，如整形、整旧如新。随着时代的发展，"整"也有贬义，使人吃苦头也叫"整人"。

【字源演变】

小篆　隶书　楷体

【说文解字】

仇也。从攴啻声。

【基本解释】

"敌"，从小篆字形看，左边是"啻"，"啻"即帝，本义是一种带刃的木制武器，表示读音；右边是"攴"，意为拿着武器击打，"啻"和"攴"两个字都跟武力有关，所以"敌"的本义就是击打目标武装对抗。后引申为势力相当、对等、相当的意思，如匹敌、势均力敌。从武力对抗，也引申为仇人、入侵者。

在现代汉语里也指有利害冲突不能相互包容的对方。此外，"敌"也有抵挡之意，如寡不敌众。

zhì 致	部首：攵，笔画：10。
	六书：形声
	笔顺：致致致致致致致致致致

dǎng 党	部首：儿或⺌，笔画：10。
	六书：形声
	笔顺：党党党党党党党党党

【字源演变】

小篆　　隶书　　楷体

【字源演变】

小篆　　隶书　　楷体

【说文解字】

送詣也。从攵从至。

【说文解字】

不鲜也。从黑尚聲。

【基本解释】

从小篆字形看，"致"字左边是"至"，表示到达、抵达，也表示读音；右边是反写的"止"，指脚，行走，其本义是送到。楷书误将隶书致反写的"止"写成"攵"。在现代汉语里，"致"还合并了本义是一种作为赠品的精细纺织品的"緻"字。

现代汉语的"致"引申为送给、给予，如致电、致力、致命等；还有招引、使达到的含义，如专心致志、致使等；有时候还用来表示样子、情绪，如大致、别致、兴致、景致等；此外，由精细的纺织品还引申为细密、精细，如致密、精致等。

【基本解释】

从小篆字形看，"黨"上部是"尚"，表示读音，热衷之意；下部是"黑"，表示弊端，二者合起来表示不鲜明、不光明。隶书将篆文的"火"写成"灬"。"党"指集团时，在古代一般只用于贬义，如结党营私。现代汉语则成为中性词，指为了政治目的结合起来的团体，如党派、党员、党性；也指意见相合的人或由私人利害关系结成的团体，如党羽、朋党、死党。

zhuàn zhuǎn 转	部首：车，笔画：8。 六书：形声 笔顺：转转转转转转转转

lún 轮	部首：车，笔画：8。 六书：形声 笔顺：轮轮轮轮轮轮轮轮

【字源演变】

小篆　　隶书　　楷体

【说文解字】

運也。从車專聲。

【基本解释】

"轉"的本字是"專"。"專"，甲骨文像手转纱轮，后来，"专"的转轮本义消失，另造"转"字取代。在现代汉语里，"转"是个多音字，读zhuàn的时候，与本意比较接近，表示旋转、滚动，围绕一个中心运动，如车轮飞转、转动等；还可以当量词，旋转一圈为一转，如绕了几十转。读zhuǎn的时候，表示改变方向、位置、形势、情况等，如转弯、转移、好转等；还用来表示不是直接的，中间再经过别人或别的地方，如转达、转发、周转等。

【字源演变】

小篆　　隶书　　楷体

【说文解字】

有輻曰輪，無輻曰輇。从車侖聲。

【基本解释】

从小篆字形看，"轮"左边是"車"，在古代表示有轮子、靠牛马拉动的战斗工具，这里做形旁；右边是"侖"，"侖"是多管排笛，表示有序的条辐构成的车轮，在这里也表示读音。其本义是车辆的圆形部件，即车轮。后来又引申为像轮子样的东西，如日轮、月轮；或依照次序一个接替一个（做事），如轮班、轮换、轮流等。在现代汉语中，"轮"也可做量词用，可以形容太阳、月亮等，如一轮明月、一轮红日，也可以表示时间上的循环，通常指十二年为"一轮"，如我哥哥比我大一轮儿。

部首：车，笔画：9。

六书：形声

笔顺：轴轴轴轴轴轴轴轴轴

部首：车，笔画：10。

六书：形声

笔顺：载载载载载载载载载载

【字源演变】

小篆　　隶书　　楷体

【说文解字】

持轮也。从车由声。

【基本解释】

　　从小篆字形看，"轴"字的左边是"车"，表示与"车"相关，右边是"由"，从、凭的意思，也表示读音，"轴"的本义是穿过车轮中心、使车轮赖以旋转的圆杆，如车轴、轴心；后来引申为像车轴的用来卷绕东西的圆柱形器物，如画轴、卷轴。"轴"也可当量词用，如一轴线。

　　现代汉语里，"轴"有两个读音，以上意思都读zhóu，只有一种情况读zhòu：在戏曲演出中，排在最末出场的叫压轴。

【字源演变】

小篆　　隶书　　楷体

【说文解字】

乘也。从车㦰声。

【基本解释】

　　从小篆字形看，"载"左下部是"车"，表示与车有关；右边是"㦰"，表示读音，其本义是搭乘车辆。在现代汉语里，"载"是多音字：读zǎi时，表示年、岁，如千载难逢、三年五载等；也指记录、刊登、描绘，如记载、连载、转载。

　　读zài时，表示用交通工具装，如载客、载货、载重、载体、满载而归；也可以指充满，如怨声载道；还可解释为又、且，如载歌载舞。

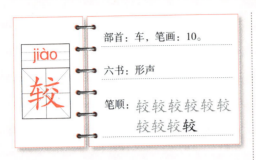

部首：车，笔画：10。

六书：形声

笔顺：较较较较较较较较较较

部首：车，笔画：13。

六书：形声

笔顺：输输输输输输输输输输输输输

【字源演变】

小篆　　隶书　　楷体

【说文解字】

较，车骑上曲铜也。从车爻声。

【基本解释】

从小篆字形看，"较"字左边是"车"，表示与车有关；右边是"爻"，表示读音。"较"字的本义指古代车箱两旁板上作扶手的曲木，士大夫以上乘车有曲铜钩；战车交会，相互持械攻击，你死我活。能一决高下的比拼，假借为比较、比的含义，含有相比之下更进一层的含义，如计较、较量等；"较"也有对比、相比的意思，如斤斤计较。

【字源演变】

小篆　　隶书　　楷体

【说文解字】

委輸也。从車俞聲。

【基本解释】

从小篆字形看，"输"字左边是"车"，表示与车有关；右边是"俞"，表示读音。汉字中带车字旁的字一般都与交通工具或者交通有关。在这里，"车"指马车，"俞"是指车船等交通工具。一个字里面出现了多种交通工具，所以本义是托人转运送货物的意思，即从一个地方运送到另一个地方，如运输、输出、输入等。"输"还用来表示失败或者失利，如输赢、输球。

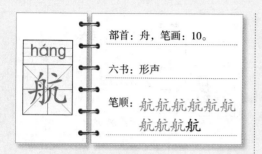

部首：舟，笔画：10。

六书：形声

笔顺：航航航航航航航航航航

部首：舟，笔画：10。

六书：会意

笔顺：般般般般般般般般般般

【字源演变】

小篆　隶书　楷体

【广　　韵】

船也。

【集　　韵】

方舟也。

【基本解释】

　　"航"字左边是"舟"，指水上交通工具，右边是"亢"，指管子，多指毛竹或芦苇杆子（中空），也表示读音。"舟"与"亢"合起来表示用多根同等长度的毛竹或芦苇杆子并联做成的水上交通工具，其本义是竹排，芦苇筏子，又叫方舟。在古代，"航"同"杭"，如《诗·卫风》中说："谁谓河广，一苇杭之。"这里的"杭"就是用杭度过的意思。现代汉语中，"航"主要指行船或飞行，如航海、航空、航天、航行。

【字源演变】

甲骨文　金文　小篆　隶书　楷体

【说文解字】

辟也。象舟之旋，从舟。从殳，殳，所以旋也。

【基本解释】

　　从甲骨文字形看，"般"的左边是象形的小船，右边像手抓着竹篙，撑着船，合起来表示执篙摆渡。《说文解字》中说"般"是点篙开船的意思，像船旋转的样子，而持篙撑行，正是使船只旋转的原因，所以"般"的本义是用竹篙撑船摆渡，运送货物。随着文字的演变，"般"字隶化后楷书将篆文的左边写成"舟"。当"般"的搬运意思消失后，篆文再加"手"另造"搬"代替。现代汉语"般"引申为量词，表示样、种、类，如百般劝解、般配、暴风雨般的掌声等等。

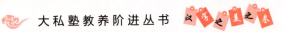

chuán 船

部首：舟，笔画：11。

六书：形声

笔顺：船船船船船船船船船船船

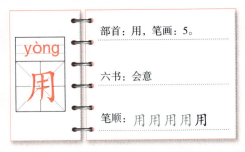

yòng 用

部首：用，笔画：5。

六书：会意

笔顺：用用用用用

【字源演变】

金文　小篆　隶书　楷体

【字源演变】

甲骨文　金文　小篆　隶书　楷体

【说文解字】

舟也。从舟，铅省声。

【说文解字】

可施行也。从卜从中。衞宏説。凡用之属皆从用。

【基本解释】

从金文字形看，"船"字左边为舟形，两边像船帮，中间三条线代表船头、船舱和船尾；右边是"沿"的一部分，表示读音。"船"的本义是舟的意思。在古代，大约在先秦的时候对这种水运工具，多用"舟"相称，到了汉代，用"船"渐多起来。"舟""船"两个词产生的时间有先后，"舟"在春秋时已广泛使用，而"船"在战国时才出现。到了汉代，造船技术进一步发展，"船"的容积和装载量已经很大。"船"的本义就是水运工具。现代汉语一直保留其本义，如船舶、船只、船舱、造船。

【基本解释】

在甲骨文字形中，"用"字就像一个桶形，桶是可用的器具，所以"用"可理解为使用，采用等。也有人认为"用"是"甬"的本字，"甬"即"镛"，就是大钟的意思。

而现在用字最常见的用法是指使用，使人或物发挥其功能，如用心、用兵等；或者指可供使用的，如用品、用具；吃饭的委婉说法也使用"用"字，如用餐、用饭；也可以指物质使用的效果，如功用；而"用"用于否定句时，有需要之意，如不用多说等。

部首：马，笔画：10。

六书：形声

笔顺：验验验验验验
验验验验

部首：几，笔画：8。

六书：会意

笔顺：凯凯凯凯凯凯
凯凯

【字源演变】

小篆　　　隶书　　　楷体

【说文解字】

馬名。从馬僉聲。

【基本解释】

　　"验"字由"马"和"佥"组合，"马"是形旁，"佥"指两边、两面，本义是一种马的名称，后指从马的两面观察马的状态。进而引申指查看、查考，如验血、验货、考验；除了指检验这一过程，还指通过检查得出的效果，如灵验、应验、屡试屡验；"验"还有证信、凭据之意，如何以为验。

【字源演变】

小篆　　　隶书　　　楷体

【玉　　篇】

凱，樂也。或作愷。又善也。

【基本解释】

　　从小篆字形看，"凯"字左边是"豈"，右边是"几"，像架子，"豈"和"几"组成"凯"字，表示国人奏乐曲举着食案，列队欢迎得胜回国的王师。"豈"指还师振乐，就是军队得胜所奏的乐曲，所演奏的乐曲。

　　现在仍保留着本义，如军队打胜仗归来叫凯旋而归，还有凯歌等。古代特别重视乐，乐代表着和，和和之美，为大美；"凯"还有和、柔的意思，好听的音乐能够带来美好的享受，如同柔和的风儿拂过，所以《诗经》中说"凯风自南，吹彼棘薪"，意思是和煦的风儿从南方吹来，吹拂酸枣小树枝……

shī 施	部首：方，笔画：9。
	六书：形声
	笔顺：施施施施施施施施**施**

wū yū yú 於	部首：方，笔画：8。
	六书：会意
	笔顺：於於於於於於於於

【字源演变】

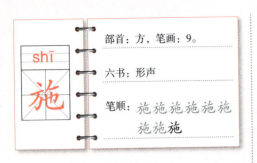

小篆　　隶书　　楷体

【说文解字】

旗皃。从扒也聲。丝樂施字子旗，知施者旗也。

【基本解释】

从小篆字形看，"施"字的左边是"方"，表示旗子；右边是""，即"也"字，指蛇，表示蜿蜒，后来，""简写成"也"，所以"施"的本义是旗帜飘动的样子。后来，"施"引申为实行，如施工、发号施令等；还表示给予，如施恩；"施"还有用上、加工的意思，如施肥、略施粉黛等。

【字源演变】

金文　　小篆　　隶书　　楷体

【说文解字】

象古文烏省。此卽今之於字也。象古文烏而省之。亦省爲羍之類。此字蓋古文之後出者。此字旣出。則又于於爲古今字。

【基本解释】

"於"是多音字。读wū时，有人认为"於"是"乌"的本字。这个字看起来很像一只飞翔的小鸟，仿佛小鸟要飞去某个地方。后来经过演变，成为古代汉语中的介词，但其实际的意义还是和小鸟向目的地飞翔有关。还有一种理解认为於表示感叹、赞美的语气。

汉时有於单，"於"读作yū作姓氏，不能简化为"于"。

读yú时，相当于"于"。

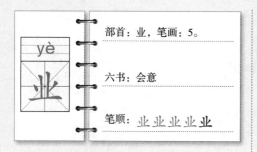

部首：业，笔画：5。

六书：会意

笔顺：业业业业业

部首：大，笔画：5。

六书：会意

笔顺：央央央央央

【字源演变】

小篆　　隶书　　楷体

【字源演变】

甲骨文　金文　小篆　隶书　楷体

【说文解字】

大版也。所以饰縣鍾鼓。捷業如鋸齒，以白畫之。象其鉏鋙相承也。从丵从巾。巾象版。《詩》曰："巨業維樅。"

【说文解字】

中央也。从大在冂之内。大，人也。央旁同意。一曰久也。

【基本解释】

"业"字的本义是指古代乐器架子的横板，是用来装饰支架、悬挂钟鼓的大板。多刻成锯齿状，并用白色颜料涂画，大板和所悬挂的钟鼓之间，参差错落又相互承接，后也指筑墙板和书册的夹板。现在多引申为学习的功课、工作等，如学业、事业；或国民经济中的部门，如农业、工业；工作岗位，如职业；以及财产，如产业等；"业"也可当重大的成就或功劳讲，如业绩。

【基本解释】

"央"的甲骨文字形像一个剃发刺字的罪犯，颈部带着木枷等待被惩罚；也有人说像一个人挑着担子，肩膀在扁担的中间位置，所以其本义为中心、正当中的意思。如《诗经》中的"蒹葭宛在水中央"。"央"还有尽的意思，如《诗经》中的"夜未央"；"央"还假借为恳求之意，如央求。

检索
（多音字按音序排列，括号注明其他读音。）

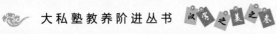

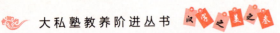

图书在版编目(CIP)数据

汉字之美之叁 / 张海彤, 姚志红, 吴京鸣主编. ﹣﹣桂林 : 漓江出版社, 2016.1
(大私塾教养阶进丛书)
ISBN 978-7-5407-7735-7

Ⅰ.①汉… Ⅱ.①张… ②姚… ③吴… Ⅲ.①汉字–少儿读物 Ⅳ.①H12-49

中国版本图书馆CIP数据核字(2015)第304719号

汉字之美之叁

主　　编：张海彤　姚志红　吴京鸣
策划统筹：符红霞
责任编辑：张　芳
内文设计：黄　菲
责任监印：唐慧群

出 版 人：刘迪才
出版发行：漓江出版社
社　　址：广西桂林市南环路22号
邮　　编：541002
发行电话：0773-2583322　　010-85891026
传　　真：0773-2582200　　010-85892186
邮购热线：0773-2583322
电子信箱：ljcbs@163.com　　http://www.Lijiangbook.com
印　　制：大厂聚鑫印刷有限责任公司
开　　本：889×1230　1/16　印　张：11.25　字　数：80千字
版　　次：2016年2月第1版　印　次：2016年2月第1次印刷
书　　号：ISBN 978-7-5407-7735-7
定　　价：35.00元